经济学学术前沿书系

Entrepreneurs' Backgrounds and Venture Capital

创始人背景特征与风险投资决策

丁 娜 著

经济日报出版社

图书在版编目（CIP）数据

创始人背景特征与风险投资决策 / 丁娜著. -- 北京：经济日报出版社，2022.8

ISBN 978-7-5196-1154-5

Ⅰ. ①创… Ⅱ. ①丁… Ⅲ. ①创业-风险投资-投资决策-研究 Ⅳ. ①F241.4

中国版本图书馆 CIP 数据核字（2022）第 136796 号

创始人背景特征与风险投资决策

作　　者	丁　娜
责任编辑	周　璠
助理编辑	张　乐
责任校对	张　政
出版发行	经济日报出版社
地　　址	北京市西城区白纸坊东街 2 号 A 座综合楼 710 室（邮政编码：100054）
电　　话	010-63567684（总编室） 010-63584556（财经编辑部） 010-63567687（企业与企业家史编辑部） 010-63567683（经济与管理学术编辑部） 010-63538621　63567692（发行部）
网　　址	www.edpbook.com.cn
E-mail	edpbook@126.com
经　　销	全国新华书店
印　　刷	北京九州迅驰传媒文化有限公司
开　　本	710 mm×1000 mm　1/16
印　　张	10.5
字　　数	137 千字
版　　次	2022 年 8 月第 1 版
印　　次	2022 年 8 月第 1 次印刷
书　　号	ISBN 978-7-5196-1154-5
定　　价	46.00 元

序　言

创业与风险投资往往相辅相成，在2014年李克强总理提出“大众创业、万众创新”的口号后，大量的互联网、电子商务、共享经济等相关行业初创公司开始出现，许多大公司高管、体制内干部甚至大学生都加入了创业大军。与之相应地，该研究领域也吸引了大量的国内外学者的关注，美国得克萨斯大学达拉斯分校（UT Dallas）发布的商学院研究能力评估参考的24个顶级期刊中，风险投资领域的学术论文连续多年占据数十篇，并呈现出逐渐增长的趋势。风险投资专注于对初创企业的投资，而初创企业作为国民经济中重要的参与者，为国家提供了大量的就业岗位，并被认为是一国科技创新的主要来源之一，也为我国经济的高质量增长提供了持续的动力。本书从创始人团队层面研究了影响风险投资对初创企业投资的决定因素，丰富了该领域的相关研究，并为实务从业人员提出了实践性的建议。

国内外已出版的同类书籍，多数对整个风险投资行业的活动进行全面的概括，本书集中探究其中一个环节，即创始人团队特征对风险投资分阶段注资、注资时间、注资金额以及投后管理方面的影响，并且从企业最终并购和上市的角度考察了上述影响所带来的经济学后果，研究得更为细致和深入。在结构上，本书首先回顾了前人的相关研究，然后将创始人的团队特征分为先天属性和后天经历，分别探索其对风险投资决策的影响，这两部分的内容均按照严格的实证研究范式开展，最后，本书将前面开展的详细研究进行了归纳总结，并提出相关启示与建议。

本书的主要读者分为两类。第一类为高校层次，能够帮助本科高年级学生理解风险投资前沿问题，硕博阶段的学生亦可参考本书来学习这一学术领域常用的研究方法，回顾相关经典文献；第二类为实操层次，风险投资机构的投资人以及创业公司高管，可通过本书去理解风险投资行业的相关决策逻辑，以更好地进行实践操作。近几年，高科技行业创业得到越来越多的资金流入和政府支持，因此本书探索的风险投资对初创企业的投资逻辑这一问题，也将吸引大量的社会关注。

本书的材料主要来自本人近几年在该领域的数篇学术研究成果。在此，我要特别感谢我的博士导师田轩教授，田老师在我学术之路上的悉心指导和无私帮助，激励着我不断披荆斩棘、探索未知。我还要感谢经济日报出版社的张乐编辑，她认真而高效的校对工作促使本书能够顺利出版。本书的写作得到了中央财经大学金融学院科研启动项目、自然科学基金重大项目（71790591）和北京市卓越青年科学家计划项目（BJJWZYJH 01201910003014）的支持。

前言

风险投资机构对创业公司的投资，其本质是风险投资家对创始人的投资。近几年，个人的特征信息以及由此带来的社交网络关系越来越多地得到关注。

本书将创始人团队特征区分为先天自有特征（即属性）与后天获得特征（即经历），第一类特征属性包括创始人的种族、性别、籍贯、年龄等特征，第二类特征经历包括创始人的教育经历、工作经历、创业经历。重点研究了创业者的种族、工作经历、创业经历、教育经历对风险投资决策的影响。

首先，本书探究了美国风险投资市场上，风险投资人与创业者的种族纽带所产生的影响及其机制分析。在针对内生性问题进行处理后，本书证明了当风险投资人与初创公司的创始人来自同一种族时，投资人会对相应的初创公司采用更少的分阶段注资。具体表现为，分阶段注资的轮数更少，每两轮之间的间隔更长，每轮投资金额更少。当投资机构与初创公司位于不同的城市时，当投资机构缺乏对初创公司所在行业的特定经验时，种族相同带来的影响更加明显。此外，本书也证明了种族相同会对最终的投资结果产生负面的影响。

其次，本书研究了创业者过去工作经历与创业经历对风险投资早期决策的影响。研究的结果证实：在初创公司的早期融资阶段，相比创业经历，投资人更加青睐于有工作经验的创始人。具体表现为，拥有工作经历的创始人所在公司能够拿到投资的可能性提高，所获第一笔投资的时间距离公司成立年份更短，第一笔可以获得的投资金额更高。工作经历之所以对早期投资有显著的正面影响，是因为创业者的工作经历与目前创业行业一致，能够带来丰富的行业经验；过去行业的多元化经验能够针对目前创业公司提供更多的思路与改进方法；过去在投资行业的从业经验、人脉也有助于目前的初创公司获得投资机构的资金支持。

最后，本书将教育经历细化，分为是否海归、是否985高校、全部教育经历的个数，来深入、全面地探究教育背景在风险投资市场上所起的作用。研究的实证结果发现，风险投资家看重创业者的海归经历与总学历数。

总之，本书认为，创业者的个人特征在风险投资活动中起着重要的作用。在风险投资与创业者的匹配过程中，社交网络发挥着不可忽视的力量。创业者应充分利用风险投资家的这种偏好，选择正确的努力方向，为未来的创业与融资做准备。

目 录

第一章　引言

第一节 研究动机

风险投资是指在初创公司早期成长阶段提供资金支持以获取股权的高风险、高回报的投资形式。它起源于20世纪20年代的美国，最早是一些高净值的个人与家族为获取高额投资回报而向一些成立之初的公司提供资金支持。随着生物医药、电子硬件、互联网等高科技行业的逐步发展，一些巨头公司的崛起也随之带动了风险投资行业的发展，形成了以募、投、管、退为核心要素的专业风险投资机构。其中最具代表性的便是成功投资出 Google、Facebook 等知名企业的红杉资本和凯鹏华盈。2017年，美国风险投资机构实现了840亿美金的投资交易量。

随着风险投资的发展，与之相关的理论研究也逐渐成熟起来。在学术界，风险投资的价值创造已经被普遍认可。Solow（1957）指出，早期的风险投资者为年轻的初创公司提供资金支持，确保了公司的成立以及发展，进而促进企业创新，为国家的经济增长做出不可或缺的贡献。

然而，即使经历了将近一个世纪的发展，对风险投资机构而言，如何选择最有潜力的初创公司进行支持仍是非常困难的事情。初创公司未来的发展前景不确定性极大，其早期阶段缺乏有形资产作为抵押担保，面临严重的信息缺乏问题（Hall 和 Lerner，2010）。因此，风险投资家依据哪些因素进行投资（包括如何选择是否投资一家初创公司、选择之后的投资形式）是一个非常重要的问题。尽管这一问题在学术界与业界引起了极大的争议和讨论［比如，Quindlen（2000），Gompers 和 Lerner（2001）］，系统性研究影响早期投资决策因素的文献少之又少。

Berstein，Korteweg 和 Laws（2017）设计实验研究早期投资者最关注初创公司的哪些信息。他们将需要融资的初创公司信息进行分类，发现早期投资者最关注创始人团队的信息，而非运营数据或已有投资人信息。在风险投资业界实操中，投赛车选手的方法论一直被广泛提及，大多数从业者认为创始人团队成员信息是重要的考量指标。

那么，创始人的哪些信息可以为风险投资家提供决策依据呢？

在现有的学术研究中，人的特征信息往往被分成先天属性特征（比如性别、种族、年龄）与后天经历特征（比如教育经历、工作经历等）。具体到风险投资领域，自有属性特征通过特征相似性建立关系，进而发挥作用；后天经历特征既可以作为能力的反映，单独影响投资人或创始人的业绩表现，也可以通过特征相似性建立网络关系来发挥作用。Bengtsson 和 H.Hsu（2015）发现风险投资家偏好于向与自己来自同一少数移民种族的创始人投资；Gompers，Mukharlyamov 和 Xuan（2016）发现拥有共同特征（种族、教育背景）的风险投资家偏向于联合投资；Cai，Tian 和 Sevilir（2012）发现拥有创业经历的风险投资家投资业绩更优秀，而大公司工作经历对风险投资家的业绩没有显著影响。然而，这些研究都基于已发生的投资事件，并且主要考察风险投资家的背景信息。

在本书中，我们试图研究创始人的背景特征与风险投资之间的关系。为了探索这一问题，美国与中国的相关数据库为我们提供了研究的基础。首先，美国的风险投资数据库 VentureXpert 提供了创业者与投资机构成员的姓名与投资信息，结合已有文献的做法，我们可以通过创业者的姓氏来判断其属于哪一种族，进而研究创始人种族这一先天属性特征对风险投资决策的影响。其次，IT 桔子提供了我国自 2010 年成立以来全部已获投资与未获投资的初创公司创始人（或创始人团队）的教育经历、工作经历、创业经历等信息，为我们研究创始人后天经历特征与风险投资的关系提供了数据上的可行性。

第二节 风险投资行业发展的现状

风险投资起源于美国，根据美国风险投资协会（NVCA，即 National Venture Capital Association）和 PitchBook 的统计，2016 年，美国共发生 8635 起风险投资事件，投资交易额 720 亿美金，2017 年，投资事件共 8074 起，投资交易额高达 840 亿美金。从资金募集的角度来看，2017 年共募集成功 209 支，募集总额 320 亿美金。从投资退出的角度来看，2017 年风险投资成功退出 769 笔，相比 2016 年成功退出 857 笔，数量上有所减少。

从全球的风险投资发展状况来看，根据毕马威发布的报告，2017 年，全球风险投资创下历史新高，投资总金额达到 1550 亿美金。各个阶段的投资交易额中位数均有所上升，最早期的种子轮与天使轮投资交易额中位数达到 100 万美金，中期轮数的投资交易额中位数达到 500 万美金，后期轮数的投资交易额中位数达到 1080 万美金。2017 年第四季度，风险投资交易额 460 亿美金，其中针对人工智能（AI）与机器学习（Machine Learning）领域的投资达到 41 亿美金。此外，风险投资的单笔投资金额得到较大提升，在前十大交易事件中，中国和美国各占两起。

我国风险投资起步于 20 世纪 90 年代，目前的互联网三大巨头公司百度、腾讯、阿里巴巴都曾获得风险投资基金的支持，并且在其成功上市之后为风投机构带来巨额投资回报。21 世纪后，红杉资本、凯鹏华盈等纷纷在中国成立了投资团队。

创业与风险投资往往相辅相成，在 2014 年李克强总理提出“大众创业、万众创新”的口号后，大量的互联网、电子商务、共享经济等相关行业初创公司开始出现，许多大公司高管、体制内干部甚至大学生都加入了创业大军。根据 IT 桔子的数据，2014 年我国新成立的初创公司达到 4865 家。

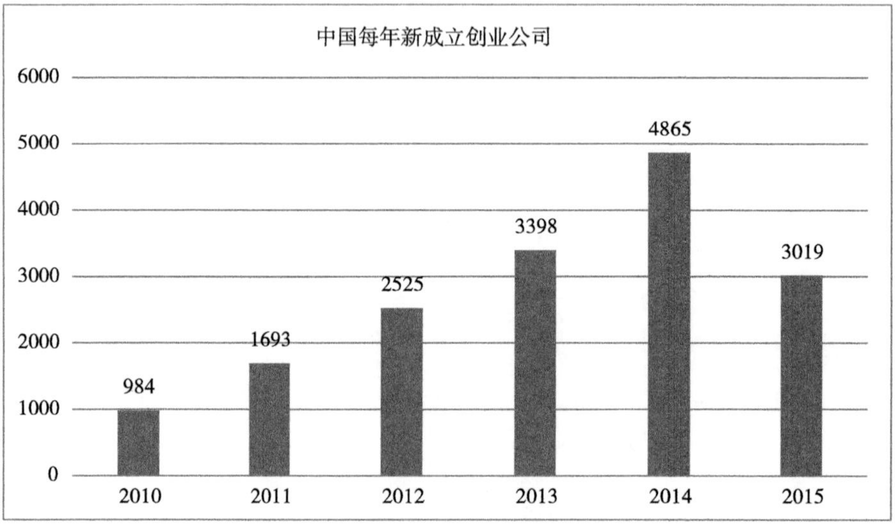

图 1–1　中国每年新成立初创公司

根据腾讯科技的统计，在风险投资的扶持下，2017 年，在全球十大独角兽公司中，中国的创业公司占到 5 家，包括今日头条、滴滴、小米等。2017 年，中国的风险投资扶持了 34 家独角兽公司。

然而，有成功的创业公司，必然也有失败的案例。根据“创业家 & i 黑马”的统计，2017 年死亡的知名创业公司达到 150 家，将不再得到风险投资的继续支持；根据 IT 桔子的统计，在 2010 年 1 月至 2016 年 4 月成立的 16632 家初创公司中，9192 家公司成立一年后仍未获得风险投资的支持。

可见，研究影响初创公司能否获得风险投资的因素，尤其是创业者层面的因素，能够帮助潜在创业者更好地做出是否创业以及何时创业的决定，提升整个社会的效率。

第三节 研究问题

在创业与投资行业从业人员中，无外乎两类人，创业者与风险投资家。因此风险投资机构对初创公司的投资，也可以看做风险投资家对创始人的投资。目前相关方面的研究主要基于已经发生的投资事件，Bengtsson 和 H.Hsu（2015）研究了创始人与风险投资家种族相同对初创公司能否获得风险投资的影响；Gompers，Mukharlyamov 和 Xuan（2016）研究了风险投资家之间特征相似性对其以联合方式投资的影响；Cai，Tian 和 Sevilir（2012）研究了风险投资家过去创业经历对其投资业绩的影响。这些研究主要集中在对风险投资家特征的研究，缺乏从创业者特征角度的分析。Gompers，Huang 和 Wang（2017）利用 MBA 学生设计了实验，研究了创始人团队种族相似性对团队业绩的影响，但该设计中的风险投资家、创始人团队、初创公司业绩等信息应当与真实的创业与风险投资市场有所不同；Berstein，Korteweg 和 Laws（2017）设计实验研究了风险投资家最关注创业公司的哪些要素，包括团队特征、运营状况和现有投资者，但没有考察团队特征具体如何影响风险投资。

基于上述研究设计中的可借鉴方法与不足之处，结合目前可以获得的数据，本书将对相关话题开展进一步的探索。参照现有文献，本书将创始人团队特征区分为先天属性与后天经历，先天属性包括创始人的种族、性别、籍贯、年龄等特征，后天经历包括创始人的教育经历、工作经历、创业经历。具体而言，本书的研究将从以下三个方面展开：

首先，对于先天属性，Bengtsson 和 H.Hsu（2015）研究了美国市场上风险投资家与创业者种族相同对两者成功匹配完成一起投资事件的影响，在此基础上，根据数据的可得性，本书将进一步探讨种族相同对风险投资分阶段注资的影响①。

其次，对于后天经历，Cai，Tian 和 Sevilir（2012）研究了风险投资家过去工作经历与创业经历对投资业绩的影响，与之相应，本书研究了创始人工作经历与创业经历对其目前创立的公司能否获得早期风险投资的影响及其内在的机制分析。

最后，教育经历是后天获得特征中的重要因素，在第二个问题的基础之上，本书将教育经历细化为海归经历、总学历、985 高校经历，分别研究创始人学习经历对初创公司能否获得风险投资的影响。

图 1–2 展示了本书的研究问题。

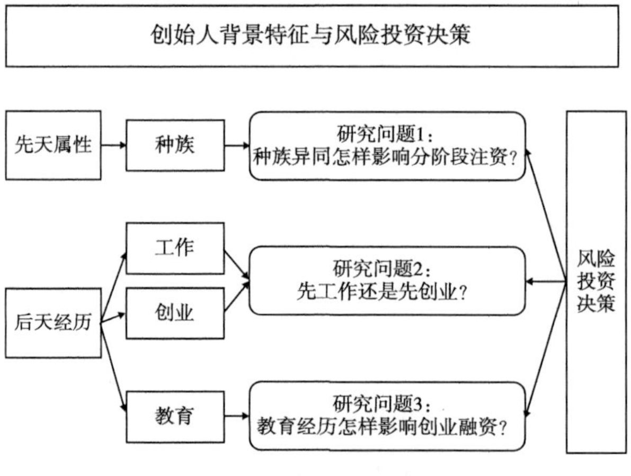

图 1–2　本书研究问题

① 由于目前无法获得国内创始人性别、年龄、籍贯等先天属性的数据，本书采用美国数据，研究了创始人的种族与风险投资的关系。美国的种族类似于中国的籍贯，因此采用美国数据研究这一问题，在一定程度上可以对中国创始人籍贯与风险投资关系的问题提供一定的借鉴意义。第 4.7 小节也对这一问题进行了详细说明。

第四节　本书结构

本书各章节研究内容的具体安排如下：

第一章是引言，这一章介绍了本书的研究动机、选题背景、研究问题和研究框架。针对创始人背景特征与风险投资关系这一主题，本章帮助我们理清了本书的研究思路，即从创业者的种族、工作经历、创业经历、教育经历几个方面探索风险投资对创业项目的筛选机制。

第二章是文献综述。首先，本章将对创业与风险投资领域目前的研究现状进行回顾，包括风险投资对创业公司的选择机制、分阶段注资、退出机制等。之后，结合本书的研究问题，重点回顾了创投市场上与个人背景特征相关的文献。

由于本书在研究创业者工作经历、创业经历、教育经历时使用了部分前人没有用过的数据，接下来的第三章对这一数据的整体结构进行了基本的介绍。

本书第四章研究创始人的先天属性——种族——对风险投资的影响。种族作为一个个体与生俱来的特征，主要通过与他人产生共性来体现其在市场上的价值。由于前人已经研究过种族关联与是否获得风险投资的关系，在此基础上，本书继续研究种族关联对风险投资分阶段注资的影响。分阶段注资作为一种筛选和约束机制，一定程度上能够反映出风险投资家对创业项目的投资逻辑。本章的研究结果发现，在解决内生性问题后，当创业者与风险投资家来自同一少数移民种族时，风险投资家往往更加信任创业者，因此会减少使用分阶段注资。具体表现为，分阶段注资的轮数更少，每两轮之间的时间间隔更长，每轮投资金额更少。当投资机构与初创公司位于不同的城市且投资机构缺乏对初创公司所在行业的特定经验时，种族相同带来的影响更加明显。此外，本章也证明了种族相同带来的信任会对最终的投资结果产生负面的影响。本章内容是对已有研究的拓展，进一步深入地探讨了种族关联对中后期风险投资决策的影响。

第五章重点研究了创始人的工作经历、创业经历对初创公司在早期能否拿到风险投资的影响及其内在机制。研究发现，相比拥有创业经历，早期的风险投资家更看重创业者的工作经历。因为工作经历首先能够增加同一行业的经验，其次其他行业的经历能够为运营公司带来更多的思路，再者投资行业的经历为初创公司融资带来更专业的人脉和经验。此外，在中后期的投资中，风险投资家也更青睐于有工作经历的创始人。这一结论弥补了学术界对该问题研究的空白，帮助我们进一步了解风险投资机构对创业项目的筛选机制，同时对大学生毕业的就业选择也有一定的实践指导意义。

在第五章的基础上，第六章进一步研究了教育经历对早期风险投资决策的影响。这一章从海归经历、学历总数、985 高校学历三个方向细化创始人的教育经历，发现风险投资机构往往青睐于有海归经历的投资人，学历更多的创始人，而 985 高校的经历对投资人而言没有较大的偏好。第六章与第五章的关系紧密，既可以看作是对第五章的稳健性检验，也可以看做是与第五章并列的从不同角度出发的研究。

第七章是本书的研究总结与展望。

第二章　文献综述

风险投资（VC，Venture Capital），是指专业的机构投资者或高净值人群将资金注入早期的、具有增长潜力的初创公司，并获取股权，最终通过公司的上市或被收购而退出投资项目，获取高额回报。风险投资行业在过去的 30 多年里增长极快。根据 Price Waterhouse Coopers Money Tree 的统计，1980 年，美国的风险投资市场总额仅仅为 6.1 亿美金；到了 1990 年，该数值达到 23 亿美金。经过短暂的爆发式增长至 1000 亿美金后，2010 年，风险投资市场交易额降至 300 亿美金。根据 Preqin 的统计，2000 年以后，平均每年成立的风险投资基金达到 200 支，募集资金 500 亿美金。

伴随着实操行业的发展，关于风险投资的学术研究在过去的十几年里取得了很大的进步。这其中存在多个层次的原因。除了行业本身逐渐发展成熟以外，风险投资的学术研究是一个非常有趣的领域，对这一领域的研究可以帮助学者们更好地理解广泛的经济问题，比如激励机制、契约理论等。值得一提的是，商业数据库中风险投资数据的不断充实，也为该领域研究的发展提供了绝对的支持。此外，许多深层次的实证问题也越来越多被这一领域的学者们关注。比如对处置效应（Treatment effects）和选择效应（Selection effects）的区分，运用统计与计算机技术解决有限数据的问题等。

本章主要回顾了创业与风险投资领域的已有文献。针对风险投资机构对项目的选择、投资方式、退出渠道等分别展开。之后重点总结了与本书相关——创始人背景特征与风险投资决策——的经典文献。

第一节　风险投资的投资决策

2.1.1 创业项目的起源

风险投资针对的项目一般是处于早期发展阶段的创业公司。根据对创业者开展的一项调查，Bhide（2003）发现，71% 的创始人的创业想法来自之前服务的雇主。Gompers 等（2005）发现，30% 到 42% 的由风险投资支持的创业者有过上市公司工作经历；他们的研究还发现，位于硅谷和波士顿的曾经被风险投资支持的大公司，往往也是未来创业公司创始人的孵化地。Klepper 和 Sleeper（2005）通过详细分析激光行业的数据，发现越成功的公司越能孵化更多的未来创业者，因为他们能够从先前的公司中学习相关的技术，对市场的理解更深刻。

连续创业者（Serial entrepreneurs）是创业公司的另一类缔造者。Gompers 等（2010）的研究中估计到，在 20 世纪 90 年代的美国，大约 10% 的风险投资支持的创始人为连续创业者；他们的研究发现先前成功的创业者目前创立的公司成功率更高，先前不成功的创业者目前创立的公司成功率与第一次创业的人成功率相似；该研究还进一步证明了创业过程中学到的技能，尤其是对市场机遇的把控能够帮助其提高目前创业公司的业绩；然而，他们的研究并没有证明连续创业者在第二次创业时会比第一次创业得到更高的估值。Hsu（2007）发现，连续创业者更容易获得风险投资，并且其创业项目估值更高。Bengtsson（2013）发现只有三分之一的连续创业者会寻找其之前的风险投资家来为目前的创业公司融资，这可能是因为连续创业者目前的创业机会与先前风险投资家的专业知识不匹配。Paik（2010）研究了风险投资支持的美国半导体公司，发现连续创业者的公司成功率比首次创业者的公司成功率更高，该研究同时也发现连续创业者的公司存活时间更长，因为他们从先前的创业项目中学习到了相关的知识和技能。

另外一个重要的研究话题就是什么类型的创业项目更适合被风险投资支持。很多文献描述了风险投资家经常使用的项目筛选标准（MacMillan 等，1985；Eckhardt 等，2006；Hall 和 Hofer，1993）。Brander 和 De Bettignies（2009）运用动态捕食者—食饵模型研究了风险投资家的投资周期模式，在他们的研究中，风险投资家依据行业机会与其自身的行业经验做出投资决策，进行投资减少了行业机会，但增加了风险投资家的行业经验，风险投资家在这样的动态中保持平衡。Nanda 和 Rhodes-Kropf（2016）探讨了特定行业的融资风险。该研究的模型基于风险投资的分阶段注资，风险投资家不确定未来会有多少投资人继续投资某一行业。在他们的研究中理性的风险投资家时常会从某个行业转向另一行业。这项研究发现分阶段注资的方式对创业公司而言是非常不利的。

可见，虽然目前已有文献区分了来自大公司的创业者和连续创业者，对风险投资的项目筛选有一定的涉及。但这些研究主要基于统计调查的层面，或者没有针对创始人背景特征与风险投资项目筛选的关系进行研究，学术界对二者的关系仍知之甚少。

2.1.2 初创公司与风险投资的匹配

市场上不同的初创公司与不同的风险投资机构之间如何进行匹

配呢？这是一个搜寻匹配问题。Inderst 和 Miiller（2004）、Silviera 和 Wright（2006）设计了搜寻模型研究特征相似的同种类型的人如何匹配。Plehn-Dujowich 等（2011）研究了特征不同的异质类型的匹配如何影响定价与交易机制。Casamatta 和 Haritchabalet（2013）建立模型探讨了如果创业者能够在几个风险投资机构之间讨价还价，该如何权衡获得融资的最高概率与获得最优交易条款。

近期也出现了不少从实证的角度研究风险投资与初创公司的匹配过程。Bottazzi，Da Rin 和 Hellman（2011，2016）用跨国数据研究了欧洲的风险投资与初创公司的匹配问题。该研究设计中包含已经被风险投资支持的初创公司（已完成匹配）和潜在可能被风险投资支持的初创公司（未匹配）。该研究的主要因变量是欧洲国家民众之间的普遍信任（某一国民对其他国家民众的信任）。研究主要发现，在控制了投资者、初创公司固定效应以及其他变量后，国民的普遍信任程度会影响风险投资与初创公司的匹配。Bengtsson 和 Hsu（2015）利用美国风险投资的数据，实证研究了人力和社交资源对风险投资和创业者匹配的影响。该研究发现，风险投资家和创业者种族的相似性会提高二者匹配成功的概率。Shane 和 Stuart（2002）也发现“社交资本”，即是否与风险投资家拥有直接或间接的关系，能够提高初创公司获得风险投资的可能性。

上述文献研究了社交资本在风险投资与初创公司匹配过程中的决定性作用，包括种族、信任和人脉关系。然而社交资本对匹配之后风险投资方式（比如下文提到的分阶段注资）的影响鲜有涉及。

2.1.3 风险投资分阶段注资

分阶段注资（Stage financing）指风险投资家在对初创公司进行投资时，有时并不是一次性给予初创公司发展所需的全部资金，而是将总的投资分为数轮进行，初创公司的运营情况达到某一个目标，下一轮的投资再进入。许多理论文献已经研究了一次性注资与分阶段注资的权衡。Sahlman（1990）的研究指出，分阶段注资能够帮助风险投资家控制风险，为投资者建立了一项类似期权的回报。然而，分阶段注资也为创业者、已有投资者（即内部人）和潜在投资者（即外部人）三方带来了冲突。Admati 和 Pfleiderer（1994）假设投资人仅持有普通股，建立了理论分析模型。该研究发现，只有当内部投资人在融资前后的持股比例保持不变时（即没有股权稀释），内部人在真实披露信息与合理定价之间才不会产生冲突。这里要求内部投资人在公司进行新一轮融资时，仍然以之前的股权比例为准进行投资。Fluck 等（2005）发现当进行到下一轮融资的时间点时，先前的投资人有强烈的动机参与下一轮融资，但这对创始人极为不利，因此会对创始人产生有害的事前激励效应。事实上，第一轮的投资者应当希望承诺在下一轮的融资中能够有合理的定价。

分阶段注资除了给予早期的风险投资家内部讨价还价的能力，Neher（1999）认为，分阶段注资会减少投资人被创始人"敲竹杠"的可能。在 Neher 的模型当中，创始人之所以拥有"敲竹杠"的机会，是因为其被认定为可以将创业项目执行下去的唯一候选人。分阶段注资能够一定程度上防止风险投资家被创业者"敲竹杠"。此外，Dahiya 和 Ray（2012）的研究认为，分阶段注资还可以作为一个项目筛选器，并且风险投资金额在下一阶段会比上一阶段更高。

Gompers（1995）第一次用实证的方法研究分阶段注资。该研究认为分阶段注资与预期的代理成本有关，而代理成本与以下因素相关：无形资产在全部资产中所占比例；增长机会（以市场价值与账面价值的比例来衡量）；研发强度。该研究发现以上三个行业层面的指标会影响分阶段注资的总轮数、轮次之间的时间间隔和每轮投资金额。

Tian（2011）通过检验风险投资机构与创业公司的物理距离对分阶

段注资的影响，探讨了分阶段注资与面对面监督的替代性关系。该研究发现当风险投资机构与其投资的初创公司距离甚远时，会采用更多的分阶段注资。此外，该研究还发现分阶段注资的轮次越多，创业公司最终成功的概率越高。与之相关的，Balcarcel，Hertzel 和 Lindsey（2010）研究了风险投资分阶段注资如何被法律环境影响。该研究通过美国风险投资机构的跨国投资数据发现，当一国的法律执行力度更好时，风险投资家会采用更多的分阶段注资。

Bergemann，Hege，和 Peng（2010）研究了动态最优分阶段注资决策。该研究首先建立了一个连续时间的学习理论模型，然后用实证方法检验模型的预测。该研究发现风险投资家最初只会投入少量资金并预计未来将投入大量资金，然后根据之后的临时信息调整投资金额，当初创公司的风险更高时，会采用更多的分阶段注资。该研究的实证结果还发现，风险投资后期的每一轮投资将对临时信息做出反应。

前人对分阶段注资的研究已经较为深入，然而目前仍存在的主要问题是，无法区分分阶段注资行为与创业公司业绩表现的变化。比如，更多轮数的投资或者更短的时间间隔可能是风险投资家对创业公司发展不确定而导致的谨慎性行为，也可能是创业公司本身发展迅速、很快达到了进入下一轮融资的目标。

2.1.4 风险投资退出

风险投资从初创公司退出的形式有多种。创业公司最终可能直接失败、被收购或者公开上市。接下来将主要回顾研究风险投资退出渠道影响因素的文献。

在大多数的研究中，将创业公司公开上市与被收购视为风险投资成功退出，将关闭以及长期存在却没有退出的创业公司对应的风险投资视为失败。Phalippou 和 Gottschalg（2008）的研究表明，创业公司被收购或者公开上市均能够为风险投资机构带来巨额投资回报。

采用 Census Bureau 25 年的数据，Puri 和 Zarutskie（2012）发现相比没有被风险投资支持的创业公司，被风险投资支持的创业公司公开上市的可能性更高，被收购的可能性更高，最终失败的可能性更低。这一主要结论在很多其他研究中均得到证实。Amit，Brander 和 Zott（1998）研究了加拿大的风险投资数据，发现风险投资大部分的退出形式是被管理层回购或者被大公司收购，公开上市的退出形式较少，但这一形式对风险投资机构而言将获取更高额的回报。

风险投资的退出方式也会受其与创业公司的投资合同影响。Cumming（2008）研究了合同形式对创业公司被收购或公开上市的影响。与 Bascha 和 Walz（2001）以及 Hellman（2006）理论研究一致的是，该研究发现当投资合同中采用可转换债券时，创业公司被收购的可能性更高，公开上市的可能性更低。

人际关系与社交网络的因素也被纳入到风险投资的退出研究中来。Lindsey（2008）发现当两家初创公司被同一风险投资机构支持时，往往会建立战略联盟，而这一联盟会提高成功退出的可能性。Gompers 和 Xuan（2009）发现当收购方与被收购方均被同一风险投资机构支持时，并购成功的可能性将提高。Sunesson（2009）的研究发现，当风险投资家与创业者曾经在同一所三大学术机构学习过，那么该初创公司成功的可能性将提高 42%（成功被收购或者公开上市）。

第二节 个人特征与风险投资文献重点回顾

前文已经从创业公司源起、风险投资项目的筛选、投资方式的选择以及项目退出等方面系统地分析了风险投资领域的相关文献，在这一小节，结合本书的研究主体，我们将对近几年风险投资市场上与个人特质（先天属性与后天经历）有关的经典研究进行重点回顾。

2.2.1 先天属性与风险投资

Bengtsson 和 H.Hsu（2015）利用 VentureXpert 的数据库研究了风险投资家与创业者来自同一少数移民种族对投资决策的影响。该研究将美国创业与风险投资市场上群体的少数移民种族属性分为中国、印度、日本、韩国、俄罗斯、西班牙、越南以及犹太。由于无法获得投资人与创业者的种族信息，该研究选择利用个体的姓氏来确定其来自哪一种族。在确定了种族之后，用实证的方法研究创业者与投资人种族相同对是否成功匹配的影响，以及种族相同对创业公司能否成功上市或被并购的影响。文章的结果发现，种族相同能够促使风险投资家与创业者建立投资关系，提高风险投资家进入公司董事会的可能性，并且促进风险投资对该创业公司更大规模的后期投资。

Gompers，Mukharlyamov 和 Xuan（2016）研究了风险投资家之间特征相似对联合投资的影响。文章在用工具变量解决了内生性问题后，发现在种族、教育背景、事业背景等方面特征相似的风险投资家往往会倾向于对某一创业公司联合投资。然而这种特征相似带来的合作关系会降低该笔投资成功退出的概率，并且这种负面效应对于处于早期阶段的创业公司更加显著。文章通过更多的实证分析证明了在投后管理中，特征相似的风险投资家缺乏多元化思路，往往会做出不明智的决策。该研究用风险投资的数据证明了由相似特征而建立起的友谊与合作是有成本的。

Gompers，Huang 和 Wang（2017）利用哈佛大学商学院 MBA 的学生做实验，来研究个人特征对形成创始人团队的概率影响。他们设计一门课程，要求 MBA 学生在班级内部组成小组，共同完成一个创业项目的成立与经营。在课程结束时，教授们从投资人与市场的角度对所有项目进行评估，作为对创业团队业绩表现的衡量标准。该项研究发现，种族与性别相同时，两个个体组成创业团队的可能性将会提高 25%。此外，进一步的研究还发现，创始人特征相似会显著提升对应的创业项目的业绩表现，即能将业绩从较差的水平提高到中等水平，但不能将其从中等水平提高到优异水平。也就是说，团队中创始人特征相似能够在一定程度上避免创业项目的失败。

上述文献研究了种族特征在风险投资家内部、创业团队内部所起的作用，以及创始人与投资人种族相同对创业公司与投资机构的匹配问题，但对于种族对风险投资具体的投资管理方式的影响少有涉及（分阶段注资、联合投资）。

2.2.2 个人经历与风险投资

Bottazzi，Da Rin 和 Hellmann（2008）研究了风险投资家过去的行业经历对其投资活跃度的影响及其后果。文章的研究对象是 1998—2001 年发生在欧洲 17 个国家的投资事件，采用调查问卷的方式收集了 119 家风险投资机构中 503 位合伙人的相关信息，共涉及 1652 家创业公司。在研究风险投资家过去的经历时，文章将经历分为三个维度：金融行业经历、其他行业经历、教育经历。为了将投资活跃度这一不被合同记录的要素进行量化，除了常规的与投资事件相关的信息，问卷中还具体设计了以下问题：风险投资机构是否参与了创业公司管理团队的招募与解雇、是否加入创业公司董事会并发表意见、是否对创业公司后续融资提供帮助、风险投资家与创业公司互动交流的频率。文章的实证结果发现，有工作经历（非金融行业）的风险投资家在其投资的创业公司经营活动中扮演着更重要的角色，活跃度更高；风险投资家的金融行业经历与教育经历对其活跃度的影响不显著。此外，该研究还发现，风险投资家的活跃度与创业公司最终的成功呈正相关关系，从而说明风险投资家过去经历影响其未来风险投资业绩。

Zarutskie（2008）研究了风险投资家个人特征对其所投资的创业公司业绩的影响。文章获取了在创业公司拥有董事会席位的风险投资家过去的工作经历与教育经历，分析这些经历对创业公司成功上市或者被收购的概率的影响。该研究发现，当风险投资家拥有大公司高管工作经历时，其投资并且加入董事会的创业公司最终成功的可能性大大提升；当风险投资家拥有特定行业（比如，半导体行业）的工作经历时，若其投资的创业公司也属于该行业，则该创业公司成功上市或被收购的概率将显著提升。

Zarutskie（2010）在衡量风险投资家的业绩时，以风险投资机构为研究单位，用该机构全部成功退出的创业项目与全部已投创业项目之比，来整体度量一家风险投资机构的投资业绩表现。将风险投资家过去的行业经历进行细分之后，该研究发现，相比其他行业经历，风险投资行业高管经历和创业公司高管经历能够显著提升整个投资团队的业绩。此外，研究还发现，风险投资团队拥有实业行业的特定经验（比如，软件行业）能够显著提升整个投资团队的业绩。然而，我们通常以为的工商管理方面的教育背景，比如拥有 MBA 学位，并不能提升风险投资团队的业绩。该研究证明，从事风险投资活动时，投资人的特定行业经历比从课堂上学习的管理知识更加重要。

Cai，Tian 和 Sevilir（2012）用手工收集的数据研究了风险投资家的行业背景。在全部可获得的样本中，13.9% 的风险投资家在之前有过创业经历。基本的回归方法与工具变量法的结果均表明，投资机构中有创业经历的风险投资家越多，该机构的投资业绩表现越好。创业经历为风险投资家带来的正面效用尤其在小型的投资机构以及投资高科技、早期阶段的创业公司时更加显著。此外，该研究将风险投资家的工作经历按照金融行业经历与非金融行业经历进行区分，发现这两种不同行业的经验对投资业绩没有显著影响。研究还发现拥有创业经历的风险投资家在福布斯的排名中更靠前。总之，该研究证明了有创业经历的风险投资家对创立与经营一家公司的理解更深刻，进而帮助其更好地发挥风险投资对创业企业的支持作用。

此外，正如前文所提到，Gompers，Huang 和 Wang（2017）设计自然实验，利用哈佛商学院 MBA 学生和课程真实模拟创业与投资市场。他们的研究也发现，两个个体过去的教育经历、工作经历相似时，其组成创业团队的可能性将分别提高 17% 和 11%。进一步的研究也发现，创始人团队教育经历、工作经历相似时，均会显著提升相应创业项目的业绩表现。

2.2.3 不足之处

基于对上述文献的梳理，我们发现，在研究创始人背景特征与风险投资决策这一问题中，已有的研究主要存在以下几点不足之处：

首先，在研究创始人先天属性与风险投资关系时，由于缺乏创始人年龄、性别等信息，已有文献研究了创始人种族对风险投资关系建立的影响。但这方面的研究基于已经发生的投资事件，无法直接判断在同等条件下，哪些创业公司获得了投资，哪些公司没有；此外，已有文献仅仅研究了是否建立投资关系，对关系建立之后，风险投资的形式（比如分阶段注资、联合投资等）涉及较少。

其次，在研究创始人后天经历与风险投资关系时，已有的文献侧重点在于研究风险投资家的个人经历对投资决策的影响，而对于从创始人个人经历出发的视角进行的研究相对较少。造成这一学术空白的主要原因是，缺乏涉及创始人个人信息的相关数据库，而由于大多数的创业公司在早期发展阶段，公开信息披露较少，因此手动收集创始人信息的难度较大。

第三章　数据结构描述

本书研究创始人背景特征与风险投资的关系，因此，我们的数据可以分为两类，一是创始人的背景特征数据，二是风险投资相关交易数据。由于风险投资交易相关的数据属于标准数据，我们在这里不再对其进行结构分析（后续相关章节对研究采用的样本的变量描述性统计会适当涉及这部分内容）。因此，在这一部分，我们主要针对创始人背景特征的相关数据进行结构分析，这部分数据将包括创始人的先天属性与后天经历。

第一节　创始人先天属性相关数据

正如引言所介绍，本书首先探讨了创始人先天属性与风险投资决策的关系。受数据可得性的限制，我们主要从创始人的种族特征开展研究。根据已有的文献，创始人的种族特征本身并不能对风险投资决策产生影响，而是通过与风险投资家的种族建立关联来影响风险投资决策。

参照 Bengtsson 和 H.Hsu（2015）的做法，我们从 VentureXpert 数据库（该数据库为研究美国风险投资问题常用的标准商业数据库，这里不再详细介绍）获得了美国风险投资机构合伙人以及创业公司创始人的姓名信息（第四章将从风险投资分阶段注资的视角开展研究，因此我们选取 1990—2011 年成立的创业公司相关信息，以保证样本中包含的创业公司基本上完成了全部轮次的投资），然后通过他们的姓氏来对应种族。

我们将种族分为中国、印度、日本、韩国、俄罗斯、西班牙、越南、犹太。表 3-1 展示了创始人与风险投资机构合伙人的种族分布。

表 3-1　创始人与投资人种族分布

	创始人各种族占比	投资合伙人各种族占比	VC 机构各种族占比	创业公司各种族占比	种族关联占比
Jewish	5.6%	4.3%	27.3%	10.6%	4.2%
Indian	0.3%	2.6%	10.3%	6.8%	1.8%
Chinese	4.8%	6.5%	19.6%	9.1%	2.4%
Korean	1.3%	2.9%	8.9%	3.5%	0.6%
Hispanic	2.4%	1.8%	5.9%	4.1%	0.9%
Russian	0.3%	0.3%	0.9%	0.4%	0.0%
Japanese	0.1%	0.9%	2.8%	0.3%	0.02%
Vietnamese	0.6%	0.6%	1.4%	1.1%	0.0%

从上表可以看出，在美国的创业与投资市场上，犹太人所占比例最高。来自犹太的风险投资家与创业者在整个行业中分别占比 27.3% 和 10.6%（机构与公司的视角）。在整个样本中，风险投资家与创业公司创始人均为犹太人的组合占比高达 4.2%（若某个投资机构支持了某家创业公司，则二者可视为一个组合）。除了犹太，华人种族在美国创业与投资市场上也占有一定比重。在创始人以及投资合伙人中，华人占比分别达到 19.6% 和 9.1%。存在华人关系纽带的组合在总样本中占比 2.4%。

第二节　创始人后天经历相关数据

除了创始人的先天属性，本书还将研究创始人后天经历与风险投资的关系。根据已有研究对经历的分类，我们从创始人的创业经历、工作经历、教育经历三个角度展开研究。考虑到不同创始人的创业经历（过去创立的公司的名字）极少会重复，因此我们在本章主要介绍创始人工作经历与教育经历的详细数据结构，第五章变量描述性统计中将会涉及样本中创业经历的简单描述。

3.2.1 IT 桔子网站简介

IT 桔子（网址：www.itjuzi.com），成立于 2013 年，主要统计了 2010 年以来成立的创业公司投资事件。与常用数据库（私募通、投中）不同的是，该网站统计了公司创始人的个人背景信息，包括创业经历、工作经历、教育经历。此外，在投资事件相关的数据中，除了覆盖投资事件、投资方、被投资方等基本信息，该网站中也包含了大量已经成立但目前没有获得投资的初创公司信息。这为我们研究创业公司是否能获得风险投资提供了最直接的证据。

在我们的研究样本中，共涉及成立于 2010 年至 2016 年的 16632 家初创公司及其融资事件信息。

3.2.2 创始人工作经历

表 3–2 展示了创始人工作经历的分布情况。可以看出，创始人拥有阿里巴巴工作经历的创业公司达到 316 家，占比 9.71%，排名第一位。之后依次为腾讯、百度、微软、华为等。可见，知名巨头公司培养的创始人在数量上占据绝对优势。

表 3-2 创始人工作经历分布

全部样本	16632	
拥有知名企业工作经历样本	3256	
工作经历（频数前 20）	频数	百分比
阿里巴巴	316	9.71%
腾讯	268	8.23%
百度	184	5.65%
微软	136	4.18%
华为	115	3.53%
新浪	115	3.53%
盛大	110	3.38%
搜狐	105	3.22%
谷歌	95	2.92%
网易	91	2.79%
IBM	75	2.30%
金山	51	1.57%
奇虎 360	41	1.26%
人人	35	1.07%
新东方	34	1.04%
联想	32	0.98%
中国移动	25	0.77%
雅虎	24	0.74%
诺基亚	23	0.71%
甲骨文	20	0.61%

3.2.3 创始人教育经历

表 3-3 展示了创始人教育经历的分布情况。可以看出，从国内大学的分布来看，创始人来自清华大学的创业公司达到 455 家，占比 10.11%，排名第一位。之后依次为北京大学、浙江大学、上海交通大学、

复旦大学等。从海外大学的分布来看，创始人来自斯坦福大学的创业公司为 47 家，占比 1.04%，排名第一位。之后依次为中欧国际工商学院、宾夕法尼亚大学、哥伦比亚大学、哈佛大学等。可见，顶尖名校（清北复交浙以及北美常青藤高校）培养的创始人在数量上占据绝对优势。

表 3-3 创始人教育经历分布

全部样本	16632	
拥有知名大学教育经历样本	4499	
国内大学（频数前 10）		
教育经历	频数	百分比
清华大学	455	10.11%
北京大学	375	8.34%
浙江大学	191	4.25%
上海交通大学	158	3.51%
复旦大学	124	2.76%
华中科技大学	120	2.67%
北京航空航天大学	115	2.56%
中国人民大学	86	1.91%
武汉大学	84	1.87%
北京邮电大学	81	1.80%
海外大学（频数前 10）		
教育经历	频数	百分比
斯坦福大学	47	1.04%
中欧国际工商学院	41	0.91%
宾夕法尼亚大学	23	0.51%
哥伦比亚大学	23	0.51%
哈佛大学	23	0.51%
剑桥大学	19	0.42%
麻省理工学院	17	0.38%
伦敦大学	16	0.36%
加州大学伯克利分校	15	0.33%
南加州大学	12	0.27%

第四章　种族对风险投资分阶段注资的影响——来自美国市场的证据[①]

① 本章主要内容根据本人发表于 Asia-Pacific Journal of Financial Studies 的论文改写而成。

第一节　本章引言

美国是一个多种族聚集的移民国家，大部分行业都汇集了来自少数种族的人群。来自少数移民种族的创业者和风险投资人是创投行业中重要的组成部分（Saxenian，2000，2007；Bengtsson 和 H.Hsu，2015）。对于传统的风险投资机构而言，相比由少数移民种族创业者创立的初创公司，他们更倾向于投资由白人创立的初创公司。这其中的原因包括种族歧视的问题、少数移民种族的商业模式与传统风险投资基金业务不匹配的问题以及少数移民创业者缺乏与传统风险投资行业接触的机会（Rubin，2004）。而当创始人与风险投资家来自同一少数种族时，其建立的初创公司获得该风险投资家投资的机会将大大提升（Bengtsson 和 H.Hsu，2015）。

分阶段注资是风险投资机构最常用的注资模式，它指风险投资机构在投资一家初创公司时，不是一次性提供初创公司所需的全部融资，而是拆分成多个轮次。约定初创公司每达到一定的用户、销售额或者利润时，下一阶段的投资才会被释放。通过这样的注资方式，风险投资家能够在初创公司没有达到下一阶段目标时，保留不再注资、减少自身损失的权利，这其实是对初创公司的一种约束。这一约束可以一定程度上减少代理成本，缓解信息不对称问题（Sahlman，1990；Admati 和 Pfleiderer，1994；Gompers，1995）。此外，分阶段注资还能够防止风险投资家被创业者“敲竹杠”，因为这一注资形式可以减少风险投资机构在任一时刻对初创公司资金的投入，从而间接增加创业者在初创公司的相对人力资本投入，最终会降低创业者离开初创公司另谋高就的动机（Neher，1999；Tian，2011；Da Rin 等，2011）。

然而，正如 Tian（2011）的研究结论，分阶段注资的投资模式并不是可以无限制自由使用的，它往往会带来一些成本。潜在的成本包括：每一轮的投资所带来的不可避免的谈判与合同签订成本、将总金额拆分成多次导致的规模经济损失等。这些都有可能导致创业者的短视行为以及早期的投资不足问题。因此，当一个风险投资家通过某些途径对一家初创公司未来发展的信息不确定性减少时，其所面对的委托代理成本更低，信息不对称问题也更小，更倾向于使用较少的分阶段注资（一次多投）。比如，当二级市场的股票价格包含更多的有效信息时，风险投资家能够从股市中学习到更多知识来指导其投资，从而会减少分阶段注资的使用（Liu 和 Tian，2017）。

种族相同对风险投资分阶段注资的影响，是一个值得争议的问题。一方面，在美国的社会状态中，来自同一少数移民种族的两个个体往往语言和文化都十分相似，因而会有更频繁的交流与合作。进一步地，种族的相同会导致风险投资家更加信任创业者（Zucker，1986；Jiang 等，2011），也能够更好地理解其初创公司的运营模式与价值，风险投资家也会预期与这样的创业者合作会产生更好的结果（Hegde 和 Tumlinson，2014）。因此，种族的相同，让风险投资家认为这一初创公司的未来不确定性更小，从而倾向于使用更少的分阶段注资（一次多投）。另一方面，考虑到传统风险投资的投资限制，一些由少数移民种族的风险投资家成立的机构往往会重点支持由少数移民种族创业者成立的初创公司（Rubin，2004）。Bengtsson 和 H.Hsu（2015）的研究发现，种族相同时，风险投资家投资初创公司的可能性显著提高。Hegde 和 Tumlinson（2014）也发现，即使相比之下公司水平更弱一些，少数移民种族的风险投资家也会青睐于少数移民种族创立的初创公司。因此，在这种情况下，创业者很容易对风险投资家“敲竹杠”，他可以轻而易举地找到另外一家少数移民种族性质的投资机构来投资自己。此外，博弈论中的杀熟原理也启示我们，在投资活动中，对熟人应采取更加谨慎的策略。那么对风险投资家来说，存在种族关联时，就应该使用更多的分阶段注资去约束创业者。由此可见，种族相同对分阶段注资到底如何影响是一个值得深究的问题。

在这一章节中，针对种族相同与分阶段注资的关系，基于上述分析，我们建立了两种对立性假设，即“信任假说”与“敲竹杠”假说。我们运用实证研究方法分析了这一问题。普通最小二乘法显示，种族相同对分阶段注资的轮数和每轮之间的时间间隔似乎不会产生明显的影响，但会显著提升每一轮的投资金额。然而，在上述研究模型中，最重要的自变量——种族相同——是内生的。在模型的残差项中，可能存在一些难以观测到的信息，比如初创公司的信息或者风险投资机构的信息（4.4.2将举例说明），这些信息会与投资人和创始人种族是否相同这一变量相关，同时这些信息也会影响分阶段注资的决策。这些信息的客观存在，使得简单运用普通最小二乘法研究上述问题不再合理。

为了解决内生性问题，我们构建了针对“种族相同（*Same Ethnicity*）”的工具变量，采用两阶段最小二乘法来进一步研究。工具变量的构建方法具体如下：对于每一对已经产生投资关系的风险投资机构与初创公司组合，假设投资机构所在城市为C，假设投资机构中存在一位风险投资家与创业者均来自少数移民种族E，那么相应的工具变量就等于，投资机构成立那年、C城市中来自种族E的风险投资家占当时C城市全部风险投资家的比例；如果不存在相同种族的情况，则该工具变量取值为0。这一工具变量背后的逻辑是，来自某一少数移民种族的风险投资家的上述比例越高，那么这一种族的创业者找到同种族的投资人的可能性就越高，因此这一比例与前面关注的内生性自变量“种族相同（*Same*

Ethnicity）”是相关的。然而，很明显，风险投资机构成立时的这一比例与未来多年后其投资某一家初创公司的投资策略基本上是不相关的。

两阶段最小二乘法的结果显示，“种族相同（*Same Ethnicity*）”与分阶段注资的轮次负相关，与每轮之间的时间间隔和每轮投资金额显著正相关。换言之，当风险投资家与初创公司的创始人来自同一少数移民种族时，投资人会倾向于采用一次多投的方式。这一结果支持了“信任假说”。采用替代性工具变量后，上述结果依然稳健地存在。

之后，我们对种族与分阶段注资之间的关系进行了更深入的探讨。首先，我们研究了“种族相同（*Same Ethnicity*）”与初创公司所获得的全部融资金额之间的关系，发现种族相同并不会影响初创公司能够获得的全部融资金额。其次，我们进一步研究了风险投资机构与初创公司的物理距离、风险投资机构对初创公司所在行业的特定经验如何影响前面所探讨的关系。实证发现，当二者距离较远，风险投资家缺乏特定行业经验时，种族相同对分阶段注资的影响更加显著。主要是因为在这两种不确定性更高的情况下，风险投资家难以面对面地约束初创公司、难以准确地估计初创公司的价值，也就更多地依赖于种族相同来做出投资决策，这一发现也同“信任假说”相一致。

在本章的最后一部分，我们研究了种族相同与初创公司创业成功与否的关系。实证结果发现，当风险投资家与初创公司的创始人来自同一少数移民种族时，公司成功的可能性降低。更进一步地，我们证明了这一负面影响主要是投资人对初创公司缺乏约束与监管（以分阶段注资来衡量）。因此，种族相同导致的信任是有成本的。尽管与直觉相反，但这一结果确实说明了种族纽带确实在风险投资机构与初创公司之间产生了过度的信任，导致分阶段注资较少，公司成功率较低。这对于风险投资家而言也是一个提醒：对待与自己同一种族的创业者，应当更加谨慎，采用更多的分阶段注资进行约束。

本章在学术上的贡献主要包括两个方面。首先是对分阶段注资的研究贡献。前人在这方面已经做了大量深入的研究，Gompers（1995）首次使用行业平均比值来作为代理成本的变量，研究了决定风险投资分阶段注资的因素。Tian（2011）采用实证的方法，研究了风险投资机构与初创公司的物理距离与分阶段注资的关系。Liu 和 Tian（2017）发现，当公开市场包含更多的有效信息时，初创公司会获得更少轮次的分阶段注资。本章探讨社交网络范畴的因素如何影响风险投资分阶段注资，将这一方向的研究向前推进了一步。其次，本章也是对种族在公司金融领域研究的一个扩充。在已有的文献中，Freeman 和 Huang（2015），Bengtsson 和 H.Hsu（2015），以及 Gompers 等（2016）均发现，种族相同会对团体协作的结果产生负面影响。本章将问题聚焦到种族纽带与风险投资分阶段注资的关系，并且证明了合作结果的负面影响主要原因是，相同种族的个体之间过于信任彼此。

本章之后内容的结构安排如下：第二部分是研究设计；第三部分是样本数据与变量设定；第四部分是实证研究结果；第五部分是进一步检验；第六部分是种族关联导致的后果分析；第七部分是关于中国场景应用的简单介绍；第八部分是结论。

第二节　研究设计

4.2.1 研究假说

在风险投资的投资策略中，分阶段注资往往被用来缓解信息不对称与委托代理问题，在学术界，它被形象地称作“遛狗绳（Keep entrepreneurs on a tight leash）”（Sahlman，1990；Gompers，1995），能够对初创公司带来更多的约束与监督。此外，分阶段注资也能够有效降低风险投资家被创业者“敲竹杠”的问题。Neher（1999）指出，在开展风险投资的过程中，前期大量投资使得投资人更容易被创始人“敲竹杠”。因为注入大量资金后，创始人成为唯一可以实现最初想法的人，当他单方面放弃合作、离开公司另谋高就时，投资人的损失无法弥补。而分阶段注资则将整个投资分为多次进行，一定程度上限制了创始人“敲竹杠”的可能性。可是，当风险投资人与创始人来自同一少数移民种族时，他们往往也来自同一社交团体（由同种族的人群汇集而成）（Saxenian，2000，2007），此时投资人被“敲竹杠”的可能性更高。具体来说，首先，在这种情况下，创始人可以轻而易举在这个团体中找到其他的项目与投资人（Bengtsson and H.Hsu，2015），也很容易从那些着重投资少数移民种族公司的风险投资机构处获得支持（Hegde and Tumlinson，2014）。其次，对风险投资家而言，其希望自身的种族团体能够在美国建立良好的声誉，因此同种族的创始人在获取投资后却放弃创始项目时，风险投资家往往倾向于不对其进行惩罚，从而最终导致投资人承担损失。综上所述，当风险投资家与创业者来自同一种族时，风险投资家更倾向于采取分阶段注资来维护自身利益不受损害。

另一方面，正如 Tian(2011) 的研究所述，分阶段注资是有成本的。潜在的成本包括：每一轮的投资所带来的不可避免的谈判与合同签订成本、将总金额拆分成多次导致的规模经济损失、进入市场滞后带来的问题，这些都有可能导致创业者的短视行为以及早期的投资不足问题。因此，当风险投资家与创业者来自同一种族时，语言、文化的相同促使他们交流更顺畅，也更加认可和信任对方。这些因素带来的影响是，在风险投资家看来，这一创业公司比其他公司的未来发展不确定性更小。那么风险投资家会倾向于更少使用分阶段注资，以减少相关成本。总之，从这一角度出发，种族的相同带来更少的分阶段注资。

在本章的研究中，仿照前人做法（Tian，2011），我用三个指标来衡量风险投资的分阶段注资：轮数，即一家风险投资机构对一家初创公司的全部投资轮次；间隔，即上述每两轮之间的时间间隔；每轮金额，即上述所有轮次中初创公司所获得总投资金额除以相应风险投资机构对该公司的总投资轮次。

基于以上分析，关于种族相同与分阶段注资关系的假说总结如下：

“敲竹杠假说”：当风险投资家与其投资的创业者来自同一少数移民种族时，为了防止被敲竹杠以及更好地约束创始人，会将整个投资拆分成更多个轮次，每轮时间间隔更短，每轮投资金额更少。

“信任假说”：当风险投资家与其投资的创业者来自同一少数移民种族时，因信任和节省分阶段注资成本，投资轮次会更少，每轮时间间隔更长，每轮投资金额更多。

4.2.2 基本模型

为了验证上述假说，本章从普通最小二乘法（OLS 模型）出发，在考虑内生性问题后，又采用工具变量法（2SLS）。以下是 OLS 的具体模型，2SLS 与其类似，这里不再赘述。

$$Staging = \alpha Ethnicity + \beta Company + \gamma Firm + \delta Effects + \epsilon \quad (式4–1)$$

其中，*Staging* 代表前文所述的分阶段注资相关变量，包括投资轮次、每两轮投资之间的时间间隔以及每轮投资金额；*Ethnicity* 表示创始人与风险投资家之间的时间种族纽带以及该变量的估计值；*Company* 与 *Firm* 分别为与初创公司和风险投资机构特征相关的控制变量，*Effects* 为固定效应。4.3.2 对涉及的变量进行了详细的介绍。

第三节　变量设定与描述性统计

4.3.1 数据选择

本章研究美国市场风险投资问题，数据来自汤森路透的 VentureXpert 数据库。我们从该数据库中获取所有在 1990 年 1 月 1 日到 2011 年 12 月 31 日（数据之所以距离现在时间较长，是因为本书希望样本中的创业公司基本上已经完成所有轮次的融资）期间获得第一笔投资的初创公司全部融资轮次信息。考虑到 VentureXpert 数据库中存在 30% 的重复轮次信息（Gompers 和 Lerner，2004），我们将数据中 90 天以内的相同金额的投资轮次只保留一次。此外，数据中的非美国初创公司被删除，风险投资家姓名或被投资的创业者姓名信息缺失的初创公司被删除。考虑到有些低水平的初创公司仅仅只能获得一轮融资，这由公司本身性质决定，与种族无关，因此我们删除了那些只从一个风险投资机构获得一轮融资的初创公司数据。最终的数据中包括 11773 个样本，每个样本对应一个特定时间点的特定“投资人–创始人”投资信息。

按照 Bengtsson 和 H.Hsu（2015）的做法，本章通过个体的姓氏来确定其来自哪一种族。姓氏与种族匹配的信息来自两个渠道：

1）“http：//genealogy.familyeducation.com/”这一网站中列出了几乎全部的以下七个种族 / 国家的姓氏，包括中国、印度、日本、韩国、俄罗斯、西班牙、越南。

2）犹太人的姓氏来自维基百科。之所以选择这八个种族 / 国家，是因为这些种族 / 国家的人在美国创业与投资市场上较为活跃；其他种族 / 国家的姓名难以辨别，不具备代表性。当然，在上述种族 / 国家中，存在姓氏重复的情况，比如中国人与韩国人的一些姓氏。对于那些姓氏，为了准确定位具体来自哪一种族 / 国家，我们通过他 / 她的完整姓名以及网上公开信息去手动辨别。那些主流的种族，比如英吉利人（Anglo-Saxon/British）和白人，是不在本章研究种族的范围内的。因为在美国，这些种族的人过于常见，因此可以认为两个主流种族的人不会存在前文所分析的特殊的联系。严格意义上来讲，犹太人并不能称之为一个种族。然而，犹太人总是因为共同的宗教信仰、文化、习俗等被联系在一起，并且在创业市场与风险投资市场占有不可忽视的一席之地，因此本章的研究将犹太人也看作一个种族群。

4.3.2 变量定义

按照 Bengtsson 和 H.Hsu（2015）的做法，我们构建了“种族相同

（*Same Ethnicity*）”这一重要变量，作为本章研究的核心自变量。该变量主要描述风险投资家与其投资的创业者之间种族的关联性。当风险投资家与其投资的创业者来自同一少数移民种族（前文所提到的八个种族）时，该变量取值 1（比如，投资人与创业者均来自中国或者华裔）；当风险投资家与其投资的创业者来自不同的种族或者不存在上述八个种族的关联时，该变量取值 0。

关于控制变量的构造，我们按照 Gompers（1995）的做法，用初创公司获投当年其所在行业的上市公司公开平均财务指标来反映该初创公司的信息。具体的操作是，通过 SIC 代码将每一家初创公司所在的行业以及获投年份与该行业中同一年的所有上市公司建立匹配，计算这些上市公司的行业平均市场价值比率（Market-to-book ratio）、行业平均研发投入（R&D intensity）、行业平均有形资产比率（Tangibility of assets）。上市公司的财务信息来自数据库 Compustat。

关于控制变量中的“注销（*Write-off dummy*）”，我们按照 Tian（2011）的做法，除了数据库中明确注明的公司已经注销，那些没有上市并且在得到最后一笔投资之后超过十年都没有融资状态更新的初创公司，我们也将其认定为已经注销。

根据研究需要，其他变量的定义如下：

投资轮数（*Number of rounds*）：一家风险投资机构在样本期内对一家初创公司的全部分阶段注资轮数。

投资者数量（*Number of VC investors*）：在某一轮具体的投资事件中，投资一家初创公司的所有风险投资机构个数。

融资总额对数 [*Ln*（*Total amount*）]：一家初创公司收到的来自所有风险投资机构的全部投资金额对数。

投资总额对数 [*Ln*（*Amount*）]：某一家风险投资机构对一家初创公司的全部投资金额对数。

早期阶段（*Earlier stage dummy*）：哑变量。当一家初创公司在获得第一轮投资时处于种子期、早期阶段时，该变量取值 1；当一家初创公司在获得第一轮投资时处于扩张期、后期阶段时，该变量取值 0。

年龄对数［*Ln*（*Firm age at round one*）］：一家初创公司在获得第一笔投资时的年龄对数。年龄为初创公司获得第一笔投资与初创公司成立的年份之差。

上市（*IPO dummy*）：哑变量。初创公司最终在股票市场公开募股，则该变量取值为 1，否则取 0。

并购（*Acquisition dummy*）：哑变量。当初创公司最终被其他大公司收购，该变量取值 1，否则取 0。

IPO 经验（*IPO experience*）：截至某一年，一家风险投资公司所支持的所有创业公司中，已上市的公司所占比例。

同城市（*Same City*）：哑变量。当风险投资机构与其投资的初创公司在同一城市时，该变量取值 1，否则取 0。

行业经验（*Industry Expertise*）：哑变量。将每家风险投资机构所支持的上市公司数量以行业进行分组排序，若一家风险投资机构排在前四分之一，则该变量取值 1，否则取 0。

成功（*Success*）：哑变量。如果初创公司最终能够上市或者被其他公司收购，该值取 1，否则取 0。

4.3.3 变量描述性统计

表 4–1 给出了本章所用全部数据的描述性统计。从中可以看出，本章的全部样本包括 4407 对风险投资机构—初创公司的组合，其中共涉及 1867 家初创公司和 914 家风险投资机构，包含 3137 位创业者和 2285 位风险投资家。平均而言，7.2% 的组合中存在种族相同的情况。对一家初

创公司而言，平均获得来自 8 个投资机构的 4.2 轮投资，轮数时间间隔平均 45 个月，平均每轮投资金额为 310 万美金。超过一半的初创公司获得第一笔投资时，其成立时间少于 1.9 年，并且处于早期发展阶段。对于每一家初创公司来说，当其获得第一笔投资时，行业平均市价比率为 1.3，研发投入强度 25.8%，有形资产占比 12.7%。对于风险投资机构而言，投资的初创公司中 15.6% 的公司最终能够公开上市。

表 4–1　变量描述性统计

分表 A：样本概览						
VC firm–startup company	4407					
Unique company founders	3173					
Unique startup companies	1867					
Unique VC partners	2285					
Unique VC firms	914					
分表 B：主要变量描述性统计						
变量	变量个数	25 分位数	中位数	平均值	75 分位数	标准差
Same Ethnicity	11773	0	0	0.07	0	0.26
Number of rounds	11773	2	4	4.23	6	2.72
Duration（months）	9003	7.33	14.53	44.98	29.93	65.94
Average amount per round（mil）	11773	1.00	2.02	3.08	3.54	5.23
Total investment amount（mil）	11518	3.49	7.76	12.29	14.77	22.36
Firm age at round one	11773	0.68	1.87	2.85	3.89	3.32
Number of VC investors	11773	5	7	8.22	11	4.78
Early stage at round one	11773	0	0	0.45	1	0.50
Industry market/book ratio	8782	–0.46	1.72	1.26	3.84	14.21
Industry R&D/assets	8782	0.08	0.17	0.26	0.23	0.55
Industry asset tangibility	8782	0.07	0.10	0.13	0.14	0.10

在表 4–1 中，我们已经提供了风险投资家与创业者种族相关特性的描述性统计。可以看出，在美国的创业与投资市场上，犹太人所占比例最高。其次为中国人或华裔，这里不再详细赘述。

第四节　实证研究

这一节的内容主要针对分阶段注资的三个方面进行实证分析。具体来说，我们主要研究了风险投资家与其投资的创始人是否来自同一种族，对分阶段注资的轮次、时间间隔、每轮投资金额分别会产生的不同影响，进而对本章第二节的两个假说进行验证。

4.4.1 普通最小二乘法

“信任假说”表明，风险投资家与其投资的创始人来自同一少数移民种族时，投资人往往会避免采用较多的分阶段注资，以期降低成本。在这种情况下，投资轮次之间的时间间隔也会更长，每轮投资金额也就更高。

表 4–2 展示了种族相同对分阶段注资轮次的最小二乘法回归结果，其中每一个观测值都是一个风险投资机构—初创公司组合。种族相同（*Same Ethnicity*）是最重要的自变量，我们控制了投资机构个数、初创公司自身特征以及投资机构 IPO 经验等变量。参考 Gompers（1995）和 Tian（2011）的做法，控制变量中还加入了初创公司最终退出结果：是否上市（*IPO dummy*）、是否被收购（*Acquisition dummy*）、是否注销（*Write-off dummy*）。此外，我们还加入了行业、州、年份的固定效应。在第一列中，控制了三个固定效应；在第二列中，只控制了州、年份固定效应；在第三列中，控制了行业、年份固定效应。

表 4-2 种族相同对分阶段注资轮次的影响（OLS 回归结果）

被解释变量：Ln（number of financing rounds）[①]

	（1）	（2）	（3）
Same Ethnicity	-0.026	-0.038	-0.034
	（0.034）	（0.034）	（0.035）
Number of VC investors	0.024***	0.026***	0.024***
	（0.003）	（0.003）	（0.003）
Ln（Total amount）	-0.060***	-0.061***	-0.075***
	（0.013）	（0.013）	（0.013）
Ln（Amount）	0.292***	0.291***	0.293***
	（0.012）	（0.012）	（0.011）
Earlier stage dummy	0.061***	0.067***	0.059***
	（0.020）	（0.020）	（0.020）
Ln（Firm age at round one）	-0.083***	-0.084***	-0.073***
	（0.015）	（0.015）	（0.015）
Industry market/book ratio	0.001*	0.001*	0.001*
	（0.001）	（0.001）	（0.001）
Industry R&D/assets ratio	-0.023	0.011	-0.031
	（0.039）	（0.037）	（0.038）
Industry asset tangibility	0.235**	0.086	0.208*
	（0.119）	（0.105）	（0.117）
IPO dummy	-0.239***	-0.212***	-0.259***
	（0.054）	（0.053）	（0.054）
Acquisition dummy	-0.620***	-0.619***	-0.623***
	（0.048）	（0.048）	（0.048）
Write-off dummy	-0.617***	-0.625***	-0.636***
	（0.045）	（0.045）	（0.044）
IPO experience	-0.322***	-0.309***	-0.404***
	（0.079）	（0.077）	（0.078）

① 参照已有文献的处理，此处投资轮次取了对数，在后文中轮次间隔也取对数，原因有两点：一是与后文提到的每轮投资金额的对数保持一致，二是这些变量为非连续变量。

续表

被解释变量：Ln（number of financing rounds）			
	（1）	（2）	（3）
Constant	−0.213	−0.375	0.251**
	（0.247）	（0.241）	（0.112）
Company state fixed effects	Yes	Yes	No
Industry fixed effects	Yes	No	Yes
Year fixed effects	Yes	Yes	Yes
N	2987	2987	2987
R2	0.502	0.495	0.479

注：括号内为系数的标准误。*** 代表在 1% 水平下显著；** 代表在 5% 水平下显著；* 代表在 10% 水平下显著。

表 4–3 展示了种族相同对投资轮次间隔的回归结果。与上表不同的是，这里的主要被解释变量是每轮投资之间的时间间隔，并且每一个观测值不再是风险投资机构—初创公司的组合，而是每一轮具体的投资记录。因此，假设初创公司获得来自某风险投资机构的两轮及以上投资，那么这一投资机构—初创公司的组合也将在回归中出现相同多的次数。在这里，考虑到潜在的异方差和序列相关问题，我们在组合（Pair）层面上进行了 cluster 处理。其余变量与表 4–2 一致。

表 4–3　种族相同对分阶段注资轮次间隔的影响（OLS 回归结果）

被解释变量：Ln（duration of financing rounds）			
	（1）	（2）	（3）
Same Ethnicity	0.087	0.102*	0.095
	（0.061）	（0.060）	（0.060）
Number of VC investors	−0.017***	−0.017***	−0.020***
	（0.005）	（0.005）	（0.005）
Ln（Total amount）	0.113***	0.114***	0.152***
	（0.032）	（0.032）	（0.032）
Ln（Amount）	−0.466***	−0.467***	−0.469***
	（0.027）	（0.027）	（0.027）

续表

被解释变量：Ln（duration of financing rounds）			
	（1）	（2）	（3）
Earlier stage dummy	–0.016	–0.017	–0.018
	（0.034）	（0.034）	（0.034）
Ln（Firm age at round one）	0.086***	0.077***	0.067**
	（0.027）	（0.027）	（0.027）
Industry market/book ratio	–0.003***	–0.002**	–0.003***
	（0.001）	（0.001）	（0.001）
Industry R&D/assets ratio	–0.075***	–0.070***	–0.073***
	（0.024）	（0.023）	（0.024）
Industry asset tangibility	–0.510**	–0.438**	–0.471**
	（0.221）	（0.183）	（0.209）
IPO dummy	0.100	0.107	0.117*
	（0.067）	（0.067）	（0.067）
Acquisition dummy	0.126	0.129	0.133
	（0.087）	（0.088）	（0.087）
Write-off dummy	0.188**	0.190**	0.249***
	（0.092）	（0.091）	（0.091）
IPO experience	0.305**	0.328**	0.468***
	（0.139）	（0.137）	（0.136）
Constant	5.649***	5.584***	4.584***
	（0.479）	（0.469）	（0.213）
Company state fixed effects	Yes	Yes	No
Industry fixed effects	Yes	No	Yes
Year fixed effects	Yes	Yes	Yes
N	6581	6581	6581
R2	0.268	0.264	0.249

注：括号内为系数的标准误。*** 代表在 1% 水平下显著；** 代表在 5% 水平下显著；* 代表在 10% 水平下显著。

表 4–4 展示了种族相同对风险投资分阶段注资每轮金额的影响。主要解释变量是每轮投资金额，观测值与表 4–2 一致，均为每一对风险投资机构—初创公司组合。其余变量与表 4–2 一致。

表 4–4　种族相同对分阶段注资每轮金额的影响（OLS 回归）

被解释变量：Ln（average amount per round）			
	（1）	（2）	（3）
Same Ethnicity	0.137***	0.152***	0.132**
	（0.052）	（0.052）	（0.052）
Number of VC investors	–0.101***	–0.102***	–0.101***
	（0.005）	（0.005）	（0.005）
Ln（Total amount）	0.650***	0.654***	0.665***
	（0.015）	（0.015）	（0.014）
Earlier stage dummy	–0.044	–0.053*	–0.045
	（0.032）	（0.032）	（0.032）
Ln（Firm age at round one）	0.104***	0.108***	0.095***
	（0.025）	（0.025）	（0.025）
Industry market/book ratio	–0.002	–0.001	–0.002
	（0.001）	（0.001）	（0.001）
Industry R&D/assets ratio	–0.074	–0.098	–0.052
	（0.064）	（0.060）	（0.061）
Industry asset tangibility	–0.108	0.163	–0.059
	（0.168）	（0.157）	（0.163）
IPO dummy	0.002	–0.025	0.024
	（0.078）	（0.078）	（0.078）
Acquisition dummy	0.245***	0.240***	0.249***
	（0.076）	（0.076）	（0.076）
Write-off dummy	0.197**	0.207***	0.218***
	（0.078）	（0.078）	（0.077）
IPO experience	1.217***	1.215***	1.259***
	（0.143）	（0.140）	（0.141）
Constant	–0.281	–0.097	–0.445***
	（0.508）	（0.511）	（0.166）
Company state fixed effects	Yes	Yes	No
Industry fixed effects	Yes	No	Yes
Year fixed effects	Yes	Yes	Yes
N	2987	2987	2987
R2	0.554	0.550	0.544

注：括号内为系数的标准误。*** 代表在 1% 水平下显著；** 代表在 5% 水平下显著；* 代表在 10% 水平下显著。

在表 4–2 与表 4–3 中，关键变量“*Same Ethnicity*”的系数分别为负和正，但在统计学意义上均不显著。这些结果似乎表明，风险投资家与初创公司创始人种族相同对分阶段注资没有影响。然而，在表 4–4 中，关键变量“*Same Ethnicity*”的系数为正，并且在 1% 水平下显著。这一结果说明，当一个风险投资家与其所投资的初创公司创始人来自同一少数移民种族时，这一初创公司每轮融资能从该风险投资机构获得的金额将提高 13.7%。

表 4–4 的实证结果支持了“信任假说”，即风险投资家与创业者来自同一种族时，每轮投资金额将会提高。可见，种族相同促使风险投资家更加信任创业者，为了降低投资成本，会采取一次多投的策略。

4.4.2 内生性问题

由于“*Same Ethnicity*”这一变量的内生性，很容易导致表 4–2 与表 4–3 结果的不显著。具体而言，在上述回归中，残差项中可能存在难以观测到的遗漏变量，这一变量可能同时与种族纽带和分阶段注资相关，以致对本章主要研究的问题产生偏差，导致种族相同与分阶段注资的关系看上去不存在。

在这一节中，我们通过构建工具变量来解决上述内生性问题。对任意一对风险投资机构（成立在 C 城市）及其投资的初创公司组合，假设投资人之一与创业者同时来自某一少数移民种族 E，则工具变量的取值为风险投资机构成立之时在城市 C 处，来自种族 E 的风险投资人占当时 C 城市全部风险投资人的比例。举个例子，比如一家位于旧金山市的风险投资机构成立于 1980 年，其在 1990 年投资了一家初创公司，并且其中存在相同种族——投资人与创始人均为中国人。假设 1980 年时旧金山市一共存在 100 位风险投资家，其中来自中国的有 10 人，那么这里的对应工具变量为 0.1。

这一工具变量同时满足相关性与外生性的条件。一方面，来自某一少数移民种族的风险投资家的上述比例越高，那么这一种族的创业者找到同种族的投资人的可能性就越高，因此这一比例与前面关注的内生性自变量“种族相同（*Same Ethnicity*）”是相关的。另一方面，一家风险投资机构在成立之时，其所在城市的行业人员各种族比例，很难与其多年后投资某一家特定初创公司的投资决策产生联系。在这里，可能存在一个疑虑，当某一种族的风险投资人员占比较高时，那么极有可能这个种族的人群在美国拥有更大的影响力和声誉，这样的种群影响也会导致分阶段注资的轮数更少，每一轮投资金额更高。在本章中之所以仍然采用上述工具变量来解决内生性问题，是因为在整个样本中，风险投资家中种族比例最高的是 6.5%（中国人，表 3–1），创业者中种族比例最高的是 5.6%（犹太人）。其余种族在投资与创业行业中的占比均小于 2%。我们可以认为，如此小的比例不足以对分阶段注资决策产生较大的影响。因此，从某种意义上讲，工具变量只能通过影响风险投资家与创业者的匹配来影响分阶段注资的决策。

表 4–5 展示了利用工具变量进行两阶段最小二乘法回归的结果，其中“*Ethnicity Ratio*”指工具变量。分表 A 是工具变量对内生性变量“*Same Ethnicity*”的回归结果，在第一阶段的回归中，所有的控制变量与表 4–2 中保持一致。

第一阶段的回归结果与工具变量的理论分析一致，可以看出，工具变量对“种族相同”这一内生性变量的估计系数显著为正。因此，当某一特定种族的风险投资人在当地全部风险投资人中所占比例较高时，这一种族的创业者也更容易找到同种族的投资人对其初创公司进行投资。

尽管第一阶段的回归结果证明了工具变量与内生性变量的相关性，但仍然不排除“*Ethnicity Ratio*”是弱工具变量，进而导致两阶段最小二乘法产生估计偏差的可能性。基于此，我在分表 A 中报告了对第一阶段回归的 F 检验，F 值高达 35.04，说明工具变量“*Ethnicity Ratio*”与核心变量“*Same Ethnicity*”高度相关，不存在弱工具变量的问题。

分表 B 汇报了两阶段最小二乘法的回归结果，其中被解释变量为某一风险投资机构对某初创公司的总投资轮次对数，主要因变量为“种族相同（*Same Ethnicity*）”。在所有三列回归中，“*Same Ethnicity*”的估计系数均为负，并且在 5% 水平下显著。这一结果与“信任假说”一致。具体而言，从第一列的结果可以看出，当风险投资家与其投资的初创公司创业者来自同一少数移民种族时，其对该初创公司的投资轮次会减少 11.7%（相比不存在种族纽带的情况而言）。

表 4–5　种族相同对分阶段注资轮次的影响（2SLS 回归结果）

分表 A：第一阶段回归			
被解释变量：Same Ethnicity			
	（1）	（2）	（3）
Ethnic ratio	2.327***	2.347***	2.337***
	（0.393）	（0.395）	（0.394）
Number of VC investors	–0.000	–0.000	–0.000
	（0.001）	（0.001）	（0.001）
Ln（*Total amount*）	0.009*	0.009*	0.010**
	（0.005）	（0.005）	（0.005）
Ln（*amount*）	0.005	0.005	0.005
	（0.004）	（0.004）	（0.004）
Earlier stage dummy	–0.009	–0.011	–0.008
	（0.008）	（0.008）	（0.008）
Ln（*Firm age at round one*）	–0.024***	–0.025***	–0.024***
	（0.006）	（0.006）	（0.006）
Industry market/book ratio	–0.001*	–0.001*	–0.001*
	（0.000）	（0.000）	（0.000）
Industry R&D/assets ratio	–0.027**	–0.044***	–0.029**

续表

	(0.013)	(0.013)	(0.012)
Industry asset tangibility	-0.070*	-0.098***	-0.070*
	(0.039)	(0.036)	(0.039)
IPO dummy	0.058**	0.052**	0.058***
	(0.023)	(0.023)	(0.022)
Acquisition dummy	-0.013	-0.012	-0.013
	(0.022)	(0.022)	(0.021)
Write-off dummy	-0.012	-0.014	-0.011
	(0.016)	(0.016)	(0.016)
IPO experience	0.076**	0.066**	0.090***
	(0.033)	(0.033)	(0.033)
Constant	-0.255***	-0.228***	-0.236***
	(0.052)	(0.045)	(0.044)
F statistics	35.04	35.30	35.13
Company state fixed effects	Yes	Yes	No
Industry fixed effects	Yes	No	Yes
Year fixed effects	Yes	Yes	Yes
N	2987	2987	2987
R2	0.321	0.313	0.315

分表 B：两阶段回归

被解释变量：Ln（number of financing rounds）

	(1)	(2)	(3)
Same Ethnicity	-0.117*	-0.134**	-0.133**
	(0.061)	(0.064)	(0.065)
Number of VC investors	0.024***	0.026***	0.024***
	(0.003)	(0.003)	(0.003)
Ln（Total amount）	-0.060***	-0.061***	-0.075***
	(0.013)	(0.013)	(0.013)
Ln（amount）	0.293***	0.292***	0.294***
	(0.011)	(0.011)	(0.011)
Earlier stage dummy	0.061***	0.066***	0.058***

续表

	(0.020)	(0.019)	(0.020)
Ln(*Firm age at round one*)	−0.085***	−0.086***	−0.075***
	(0.015)	(0.015)	(0.015)
Industry market/book ratio	0.001	0.001	0.001
	(0.001)	(0.001)	(0.001)
Industry R&D/assets ratio	−0.026	0.005	−0.035
	(0.039)	(0.037)	(0.038)
Industry asset tangibility	0.224*	0.074	0.196*
	(0.117)	(0.104)	(0.116)
IPO dummy	−0.231***	−0.205***	−0.252***
	(0.054)	(0.053)	(0.054)
Acquisition dummy	−0.620***	−0.619***	−0.623***
	(0.047)	(0.047)	(0.047)
Write-off dummy	−0.617***	−0.625***	−0.636***
	(0.044)	(0.044)	(0.044)
IPO experience	−0.312***	−0.299***	−0.390***
	(0.078)	(0.077)	(0.078)
Constant	−0.238	−0.397*	0.225**
	(0.244)	(0.239)	(0.112)
Company state fixed effects	Yes	Yes	No
Industry fixed effects	Yes	No	Yes
Year fixed effects	Yes	Yes	Yes
N	2987	2987	2987
R2	0.501	0.494	0.478
Hausman test chi2(*1*)	2.84		
Hausman test Prob>chi2	0.092		

注：括号内为系数的标准误。*** 代表在 1% 水平下显著；** 代表在 5% 水平下显著；* 代表在 10% 水平下显著。

表 4–6 展示了种族相同影响分阶段注资轮次间隔的两阶段最小二乘法回归结果。可以看出，“*Same Ethnicity*”的估计系数均为正，且在 5% 水平下显著。根据第一列的结果，当初创公司的创始人与投资它的风险

投资机构的某一投资人来自同一少数移民种族时，相比不存在种族纽带的初创公司，它所获得的分阶段注资轮次间隔将提高 31.5%。换言之，当风险投资家与其投资的创业者来自不同的种族时，为了更好地监督和约束创业者，投资机构往往会“拉紧遛狗绳”（Keep a tight leash），频繁地进行“设立目标、达到目标、然后投资”这样的过程。这一结果同样与“信任假说”一致。

对比表 4–2、表 4–3 的 OLS 回归结果与表 4–5、表 4–6 的 2SLS 结果，我们不难发现，在 OLS 回归中，“种族相同（*Same Ethnicity*）”对分阶段注资（不论是从轮数角度还是轮次间隔的角度）的影响均不显著，但在采用工具变量后二者都变得显著。这说明，由于主要核心变量“*Same Ethnicity*”的内生性，简单的 OLS 回归使得估计的结果存在偏差。根据 Jiang（2017）以及 Mao，Tian，和 Yu（2014）的分析，此处存在的导致内生性问题的遗漏变量应当与核心因变量“*Same Ethnicity*”正相关，同时与分阶段注资的轮次正相关（或者与核心因变量负相关，同时与分阶段注资轮次负相关）。在这里，初创公司核心技术的复杂程度是一个具体的遗漏变量的例子。具体来说，当一家初创公司的核心技术较为复杂时，那么来自同一种族的风险投资家能够更好地理解这家公司的潜在价值（更有效的沟通与理解）。另一方面，初创公司核心技术越复杂，其未来发展的不确定就越高，因而获得的投资轮次也就更多（轮次多，投资频繁，也意味着轮次间隔更短）。我们假设分阶段注资与种族相同是负相关的关系，那么技术复杂程度同时对种族相同和轮次均正相关，将会对轮次和种族相同的估计系数产生极大的干扰。同样地，在“信任假说”中，我们假定轮次间隔与种族相同是正相关的关系，那么技术复杂度对种族相同的正相关、对轮次间隔的负相关，也将会对轮次间隔和种族相同的估计系数产生较大的干扰。

为了证明采用工具变量进行估计的必要性，我们对 OLS 与 2SLS 的回归进行了 Hausman 检验。在表 4–2 与表 4–5 的回归中，P 值为 0.092；在表 4–3 与表 4–6 的回归中，P 值等于 0.003。这些检验结果说明，我们无法拒绝原假设，有必要采取工具变量对上述问题进行 2SLS 的回归分析。

表 4–6　种族相同对分阶段注资的轮次间隔影响（2SLS 回归结果）

被解释变量：Ln（duration of financing rounds）

	（1）	（2）	（3）
Same Ethnicity	0.315**	0.318**	0.317**
	（0.132）	（0.129）	（0.132）
Number of VC investors	–0.017***	–0.017***	–0.020***
	（0.005）	（0.005）	（0.005）
Ln（Total amount）	0.114***	0.115***	0.153***
	（0.031）	（0.032）	（0.032）
Ln（amount）	–0.470***	–0.470***	–0.473***
	（0.027）	（0.027）	（0.027）
Earlier stage dummy	–0.016	–0.016	–0.018
	（0.034）	（0.034）	（0.034）
Ln（Firm age at round one）	0.092***	0.082***	0.072***
	（0.028）	（0.027）	（0.027）
Industry market/book ratio	–0.003***	–0.002**	–0.003***
	（0.001）	（0.001）	（0.001）
Industry R&D/assets ratio	–0.074***	–0.067***	–0.071***
	（0.024）	（0.023）	（0.024）
Industry asset tangibility	–0.487**	–0.411**	–0.451**
	（0.220）	（0.183）	（0.209）
IPO dummy	0.082	0.093	0.100
	（0.069）	（0.068）	（0.068）
Acquisition dummy	0.124	0.126	0.131
	（0.087）	（0.087）	（0.087）
Write-off dummy	0.183**	0.186**	0.246***
	（0.092）	（0.091）	（0.091）
IPO experience	0.275**	0.303**	0.435***

续表

被解释变量：Ln（duration of financing rounds）			
	（1）	（2）	（3）
	（0.139）	（0.137）	（0.137）
Constant	5.697***	5.628***	4.633***
	（0.478）	（0.469）	（0.214）
Company state fixed effects	Yes	Yes	No
Industry fixed effects	Yes	No	Ye
Year fixed effects	Yes	Yes	Yes
N	6581	6581	6581
R2	0.266	0.262	0.247
Hausman test chi2（1）	8.64		
Hausman test Prob>chi2	0.003		

注：括号内为系数的标准误。*** 代表在 1% 水平下显著；** 代表在 5% 水平下显著；* 代表在 10% 水平下显著。

表 4–7 展示了种族相同影响分阶段注资每轮金额的两阶段回归结果。可以看出，在所有的回归结果中，种族相同的估计系数均为正，并且在 1% 水平下显著。从第一列来看，当风险投资家与其投资的创业者来自同一种族时，其投资的每轮金额将会提高 33%。对比表 4–4 的 OLS 回归结果与表 4–7 的工具变量回归结果，我们可以发现，在两种回归结果里，种族相同均能够显著地提高分阶段注资每轮的金额，但 2SLS 的方法中系数的值更大，即 OLS 的方法所带来的内生性偏差使得系数估计值变小。这一发现也再次说明，前文所分析的遗漏变量——初创公司核心技术的复杂程度——与“种族相同”正相关，与“每轮金额”负相关，进而导致“种族相同”与“每轮金额”这两个变量的正相关关系减弱。因此，采用工具变量在一定程度上解决内生性问题后，二者之间的估计系数增大。

表 4-7　种族相同对分阶段注资的每轮金额影响（2SLS 回归结果）

被解释变量：Ln（average amount per round）

	（1）	（2）	（3）
Same Ethnicity	0.330***	0.359***	0.325***
	（0.095）	（0.102）	（0.096）
Number of VC investors	-0.100***	-0.102***	-0.100***
	（0.005）	（0.005）	（0.005）
Ln（Total amount）	0.648***	0.651***	0.662***
	（0.014）	（0.014）	（0.014）
Earlier stage dummy	-0.043	-0.051	-0.044
	（0.032）	（0.032）	（0.031）
Ln（Firm age at round one）	0.109***	0.113***	0.099***
	（0.025）	（0.025）	（0.024）
Industry market/book ratio	-0.001	-0.001	-0.001
	（0.001）	（0.001）	（0.001）
Industry R&D/assets ratio	-0.066	-0.085	-0.044
	（0.064）	（0.060）	（0.061）
Industry asset tangibility	-0.084	0.189	-0.036
	（0.166）	（0.156）	（0.163）
IPO dummy	-0.013	-0.038	0.010
	（0.078）	（0.078）	（0.078）
Acquisition dummy	0.247***	0.241***	0.250***
	（0.074）	（0.075）	（0.075）
Write-off dummy	0.199***	0.210***	0.219***
	（0.077）	（0.077）	（0.076）
IPO experience	1.193***	1.190***	1.230***
	（0.141）	（0.139）	（0.140）
Constant	-0.227	-0.047	-0.393**
	（0.501）	（0.504）	（0.166）
Company state fixed effects	Yes	Yes	No
Industry fixed effects	Yes	No	Yes
Year fixed effects	Yes	Yes	Yes

续表

被解释变量：Ln（average amount per round）

	（1）	（2）	（3）
N	2987	2987	2987
R2	0.552	0.548	0.542

注：括号内为系数的标准误。*** 代表在 1% 水平下显著；** 代表在 5% 水平下显著；* 代表在 10% 水平下显著。

4.4.3 稳健性检验——替代工具变量

作为上述方法的稳健性检验，我们构造了替代性工具变量进行实证分析。替代性工具变量与前文工具变量的构造思想一致，不同点在于，前文从风险投资机构的角度出发构造工具变量，此处从初创公司的角度出发构造替代性工具变量。即初创公司成立之时所在城市中某种族的创业者在全部创业者中所占比例。由于该变量与所在城市所有的初创公司创始人种族均相关，而不是单单与所研究的某个初创公司相关，因此可以看做是外生的变量。同样地，该变量的值越大，对风险投资家来说，找到与自己同种族的创业者并进行投资的概率也就相应地提高，即该工具变量与内生性变量“*Same Ethnicity*”是相关的。因此，此处构造的替代性工具变量满足了外生性与相关性的要求。与前文的工具变量一样，我们对替代性工具变量与内生性变量“*Same Ethnicity*”进行了相关性检验，发现二者高度相关。

表 4–8 展示了利用替代性工具变量对前文结果进行稳健性检验的结果。从表中可以看出，在 5% 的显著水平下，种族相同（*Same Ethnicity*）会显著地提高分阶段注资的轮次间隔与每轮投资金额。在 10% 的显著水平下，种族相同（*Same Ethnicity*）会减少分阶段注资总轮数。这一结果再次印证了“信任假说”，即风险投资家对与其同种族的

创业者更加信任，会减少分阶段注资对创业者的约束和监管。

表 4-8　种族相同对分阶段注资轮次、间隔、每轮金额的影响（替代性工具变量）

第一阶段回归		第二阶段回归		
被解释变量	Same Ethnicity	Ln（rounds）	Ln（duration）	Ln（averageamount）
	（1）	（2）	（3）	（4）
Ethnic ratio	1.780***			
	（0.148）			
Same Ethnicity		−0.115*	0.262**	0.234***
		（0.067）	（0.112）	（0.079）
Number of VC investors	−0.002*	0.024***	−0.017***	−0.100***
	（0.001）	（0.003）	（0.005）	（0.005）
Ln（Total amount）	0.007	−0.060***	0.113***	0.649***
	（0.005）	（0.013）	（0.031）	（0.014）
Ln（Amount）	0.007*	0.293***	−0.469***	
	（0.004）	（0.011）	（0.027）	
Earlier stage dummy	−0.002	0.061***	−0.016	−0.044
	（0.008）	（0.020）	（0.034）	（0.032）
Ln（Firm age at round one）	−0.030***	−0.085***	0.090***	0.106***
	（0.006）	（0.015）	（0.027）	（0.025）
Industry market/book ratio	−0.001**	0.001	−0.003***	−0.001
	（0.000）	（0.001）	（0.001）	（0.001）
Industry R&D/assets ratio	−0.020*	−0.026	−0.074***	−0.070
	（0.010）	（0.039）	（0.024）	（0.064）
Industry asset tangibility	−0.052	0.224*	−0.493**	−0.096
	（0.037）	（0.118）	（0.220）	（0.166）
IPO dummy	0.070***	−0.232***	0.086	−0.006
	（0.022）	（0.054）	（0.068）	（0.077）

续表

第一阶段回归		第二阶段回归		
被解释变量	Same Ethnicity	Ln（rounds）	Ln（duration）	Ln（averageamount）
Acquisition dummy	0.012	−0.620***	0.124	0.246***
	（0.015）	（0.047）	（0.087）	（0.075）
Write-off dummy	0.020	−0.617***	0.184**	0.198**
	（0.016）	（0.044）	（0.092）	（0.077）
IPO experience	0.046	−0.312***	0.282**	1.205***
	（0.034）	（0.078）	（0.139）	（0.141）
Constant	−0.208***	−0.237	5.686***	−0.254
	（0.050）	（0.245）	（0.478）	（0.501）
Company state fixed effects	Yes	Yes	Yes	Yes
Industry fixed effects	Yes	Yes	Yes	Yes
Year fixed effects	Yes	Yes	Yes	Yes
N	2987	2987	6581	2987
R2	0.375	0.501	0.266	0.553

注：括号内为系数的标准误。*** 代表在 1% 水平下显著；** 代表在 5% 水平下显著；* 代表在 10% 水平下显著。

第五节　进一步检验

为了更进一步探究种族与分阶段注资的关系，理解二者关系的内在机制，本节在前文的基础上通过样本分组进行深入研究。具体来说，我首先研究了种族相同是否会影响初创公司所获得的全部投资金额；然后研究了当风险投资机构与初创公司的物理距离变化时，种族纽带带来的影响如何变化；以及当风险投资机构的特定行业经验变化时，种族纽带带来的影响如何变化；最后，我探究了种族纽带如何通过影响风险投资分阶段注资进而影响初创公司最终的成功，以此说明风险投资家以种族为基础建立的信任是否理性。

4.5.1 总金额影响

在本章的前面几部分，我已经证明了当风险投资家与其投资的初创公司创始人来自同一少数移民种族时，投资人会减少使用分阶段注资（更少的轮数、更长的轮次间隔、更大的每轮金额），进而减少对初创公司的约束。那么，一个很重要的疑问由此产生：种族纽带是否会影响初创公司在所有轮次中获得的全部投资金额？

为了解决这一问题，我用本章的核心变量“种族相同（Same Ethnicity）”对初创公司总融资额进行了回归分析，表 4–9 汇报了该分析的全部结果。在这一部分中，所有的控制变量与第四小节均相同，只是被解释变量变为所有轮次中所获全部投资金额的对数［Ln（total amount the company receives）］。从表中可以看出，不论 OLS 还是 2SLS 的回归结果中，种族纽带均不影响初创公司在所有轮次中所获得的全部投资金额。该结果与 Tian（2011）的研究保持一致，即初创公司所能获得的全部投资金额应当与其融资需求直接相关，而融资需求受公司的各方面性质（行业、运营模式、发展战略等）影响，不应当与创业者和投资人种族是否相同有关。

表 4–9 种族相同与初创公司所有轮次中所获的全部投资金额（OLS 与 2SLS）

被解释变量：Ln（Total amount the company receives）		
	OLS （1）	2SLS （2）
Same Ethnicity	0.098	–0.163
	（0.107）	（0.225）
Number of VC investors	0.241***	0.242***

续表

被解释变量：Ln（Total amount the company receives）		
	OLS （1）	2SLS （2）
	（0.011）	（0.011）
Earlier stage dummy	−0.023	−0.029
	（0.072）	（0.070）
Ln（firm age at round one）	0.196***	0.188***
	（0.052）	（0.051）
Industry market/book ratio	0.002	0.002
	（0.002）	（0.002）
Industry R&D/assets ratio	−0.178	−0.188
	（0.208）	（0.202）
Industry asset tangibility	−0.073	−0.120
	（0.441）	（0.431）
IPO dummy	0.526***	0.544***
	（0.172）	（0.169）
Acquisition dummy	0.050	0.065
	（0.140）	（0.136）
Write-off dummy	−0.177	−0.172
	（0.142）	（0.136）
IPO experience	1.876***	1.896***
	（0.294）	（0.277）
Constant	6.453***	6.649***
	（1.054）	（1.033）
Company state fixed effects	Yes	Yes
Industry fixed effects	Yes	Yes
Year fixed effects	Yes	Yes
N	1230	1230
R2	0.517	0.515

注：括号内为系数的标准误。*** 代表在 1% 水平下显著；** 代表在 5% 水平下显著；* 代表在 10% 水平下显著。

4.5.2 物理距离变化时种族纽带对分阶段注资的影响如何变化

在这一部分，我们研究了风险投资机构与初创公司所处的相对位置变化时，前文所阐述的“种族相同影响风险投资分阶段注资”这一关系如何变化。Tian（2011）的研究指出，风险投资的分阶段注资与面对面监督是替代性关系，当风险投资机构与初创公司所处距离很远时，往往倾向于采用更多的分阶段注资对初创公司进行约束，因为此时面对面的监督成本更高。同样地，种族纽带的存在使得投资人与创始人之间信息交流更加高效、更信任彼此，尤其在二者距离甚远时，这种信任显得更加重要。因此，相比风险投机构与初创公司处于同一城市的情况，当二者处于不同的城市时，种族纽带对分阶段注资的影响效果更大。

为了准确地验证这一推断，根据风险投资机构与其投资的初创公司是否处于同一座城市，我们将全部样本分成两组。表 4–10 展示了分组回归的 2SLS 结果。在第 1、3、5 列中，风险投资机构与其投资的初创公司处于同一座城市；在第 2、4、6 列中，风险投资机构与其投资的初创公司处于不同城市。从表中可以看出，当风险投资机构与初创公司处于不同的城市时，种族纽带使得分阶段注资轮次更少、间隔更长、每轮金额更高（与前面结果一致）。而当风险投资机构与初创公司处于相同的城市时，种族纽带的上述影响不再存在。结合上面的分析，此处的不同与“信任假说”相一致。

表 4–10　种族相同对分阶段注资的影响（风险投资机构与初创公司所处地理位置不同带来的变化）

被解释变量	Ln（number of rounds）Same City=1 (1)	Ln（number of rounds）Same City=0 (2)	Ln(duration) Same City=1 (3)	Ln(duration) Same City=0 (4)	Ln（average amount）Same City=1 (5)	Ln（average amount）Same City=0 (6)
Same Ethnicity	−0.268	−0.120*	0.693	0.326**	0.263	0.339***

续表

被解释变量	Ln（number of rounds）Same City=1（1）	Ln（number of rounds）Same City=0（2）	Ln(duration）Same City=1（3）	Ln(duration）Same City=0（4）	Ln（average amount）Same City=1（5）	Ln（average amount）Same City=0（6）
	（0.199）	（0.063）	（0.437）	（0.138）	（0.242）	（0.097）
Number of VC investors	0.027***	0.024***	−0.067***	−0.015***	−0.118***	−0.098***
	（0.009）	（0.003）	（0.020）	（0.005）	（0.017）	（0.005）
Ln（Total amount）	−0.044	−0.059***	0.231***	0.101***	0.531***	0.656***
	（0.031）	（0.014）	（0.071）	（0.034）	（0.046）	（0.015）
Ln（Amount）	0.333***	0.290***	−0.681***	−0.454***		
	（0.033）	（0.012）	（0.066）	（0.029）		
Earlier stage dummy	0.091	0.061***	−0.164	−0.006	−0.121	−0.043
	（0.064）	（0.021）	（0.142）	（0.035）	（0.119）	（0.033）
Ln（Firm age at round one）	−0.062	−0.081***	−0.091	0.096***	0.266***	0.084***
	（0.052）	（0.015）	（0.104）	（0.029）	（0.088）	（0.026）
Industry market/ book ratio	0.001	0.002**	−0.004	−0.003**	−0.001	−0.002
	（0.001）	（0.001）	（0.002）	（0.001）	（0.003）	（0.001）
Industry R&D/ assets ratio	0.035	−0.017	−0.139*	−0.068***	−0.397	−0.076
	（0.172）	（0.040）	（0.075）	（0.026）	（0.433）	（0.064）
Industry asset tangibility	−0.451	0.280**	0.978	−0.544**	0.815	−0.218
	（0.349）	（0.126）	（0.755）	（0.230）	（0.724）	（0.172）
IPO dummy	0.057	−0.244***	−0.286	0.090	−0.227	−0.006
	（0.245）	（0.055）	（0.319）	（0.072）	（0.191）	（0.081）
Acquisition dummy	−0.706***	−0.635***	0.277	0.140	0.509*	0.258***
	（0.231）	（0.049）	（0.484）	（0.089）	（0.308）	（0.077）
Write-off dummy	−0.703***	−0.624***	0.540	0.188**	0.266	0.216***

续表

被解释变量	Ln（number of rounds）Same City=1 （1）	Ln（number of rounds）Same City=0 （2）	Ln(duration) Same City=1 （3）	Ln(duration) Same City=0 （4）	Ln（average amount）Same City=1 （5）	Ln（average amount）Same City=0 （6）
	（0.218）	（0.046）	（0.475）	（0.094）	（0.368）	（0.079）
IPO experience	−0.140	−0.309***	0.321	0.240	1.725***	1.121***
	（0.258）	（0.082）	（0.513）	（0.146）	（0.385）	（0.148）
Constant	−2.220***	−0.255	9.508***	5.733***	3.397***	−0.268
	（0.329）	（0.244）	（0.622）	（0.473）	（0.600）	（0.498）
Company state fixed effects	Yes	Yes	Yes	Yes	Yes	Yes
Industry fixed effects	Yes	Yes	Yes	Yes	Yes	Yes
Year fixed effects	Yes	Yes	Yes	Yes	Yes	Yes
N	276	2711	587	5994	276	2711
R^2	0.646	0.498	0.445	0.263	0.667	0.546

注：括号内为系数的标准误。*** 代表在 1% 水平下显著；** 代表在 5% 水平下显著；* 代表在 10% 水平下显著。

4.5.3 风险投资机构的特定行业经验如何影响种族纽带与分阶段注资的关系

接下来，我研究了风险投资机构特定行业经验变化时，前文所述的“种族相同影响分阶段注资”这一关系如何变化。当风险投资机构缺乏特定行业（初创公司所处的行业）的经验时，初创公司未来发展的不确定性相对而言更高，此时风险投资家应当采用更多的分阶段注资，以降低自身未来可能面临的损失。当风险投资家与创始人来自同一种族时，二者信息交流更加高效、更加信任彼此，相比投资人经验丰富的情况，在投资人缺乏行业经验时，这种信任显得更加重要。

为了研究这一问题，参考 Liu 和 Tian（2017）的方法，我们构造了“*Industry Expertise*”来衡量风险投资机构对某一行业是否拥有丰富的经验。当某一风险投资机构自 1982 年以来，其支持的某一行业的上市公司数目处于所有风险投资机构排名的前四分之一位置时，该机构被认为对该行业拥有丰富经验，变量“*Industry Expertise*”取值 1，否则取 0。按照上述变量的取值，我们将全部样本分为两组，然后进行 2SLS 的回归检验。表 4–11 汇报了相关结果，在第 1、3、5 列中，风险投资机构的行业经验取值 1；在第 2、4、6 列中，该值取 0。从表中可以看出，当风险投资机构缺乏特定行业经验时，种族纽带使得分阶段注资轮次更少、间隔更长、每轮金额更高（与前面结果一致）。而当风险投资机构行业经验丰富时，种族纽带的上述影响不再存在。结合上面的分析，此处的不同与“信任假说”相一致，因为只有在缺乏经验时，种族相同带来的信任在做决策时才会显得尤为重要。

表 4–11　种族相同对分阶段注资的影响（风险投资机构行业经验不同带来的变化）

被解释变量	Ln（number of rounds）Industry Expertise=1 （1）	Ln（number of rounds）Industry Expertise=0 （2）	Ln（duration）Industry Expertise=1 （3）	Ln（duration）Industry Expertise=0 （4）	Ln（average amount）Industry Expertise=1 （5）	Ln（average amount）Industry Expertise=0 （6）
Same Ethnicity	−0.005	−0.177**	0.131	0.436**	0.068	0.482***
	（0.058）	（0.086）	（0.095）	（0.210）	（0.077）	（0.127）
Number of VC investors	0.016***	0.028***	0.001	−0.031***	−0.084***	−0.107***
	（0.005）	（0.004）	（0.007）	（0.007）	（0.008）	（0.006）
Ln（*Total amount*）	0.000	−0.080***	0.039	0.149***	0.620***	0.649***
	（0.028）	（0.014）	（0.055）	（0.035）	（0.029）	（0.017）
Ln（*amount*）	0.287***	0.289***	−0.411***	−0.500***		
	（0.025）	（0.012）	（0.050）	（0.030）		

续表

被解释变量	Ln（number of rounds）Industry Expertise=1（1）	Ln（number of rounds）Industry Expertise=0（2）	Ln（duration）Industry Expertise=1（3）	Ln（duration）Industry Expertise=0（4）	Ln（average amount）Industry Expertise=1（5）	Ln（average amount）Industry Expertise=0（6）
Earlier stage dummy	0.069**	0.054**	−0.064	0.006	0.046	−0.097**
	（0.031）	（0.025）	（0.046）	（0.047）	（0.049）	（0.042）
Ln（Firm age at round one）	−0.062**	−0.090***	0.015	0.150***	0.069	0.137***
	（0.025）	（0.018）	（0.039）	（0.035）	（0.044）	（0.030）
Industry market/ book ratio	0.002	0.001	−0.001	−0.004***	−0.001	−0.002
	（0.001）	（0.001）	（0.001）	（0.001）	（0.002）	（0.001）
Industry R&D/ assets ratio	−0.050	−0.041	−0.027	−0.111***	−0.046	−0.069
	（0.074）	（0.046）	（0.035）	（0.028）	（0.118）	（0.076）
Industry asset tangibility	0.238	0.187	−0.753**	−0.363	−0.285	−0.037
	（0.205）	（0.146）	（0.307）	（0.293）	（0.282）	（0.202）
IPO dummy	−0.122*	−0.377***	−0.035	0.356***	−0.025	0.108
	（0.072）	（0.073）	（0.081）	（0.104）	（0.116）	（0.102）
Acquisition dummy	−0.629***	−0.646***	0.037	0.236*	0.345***	0.224**
	（0.069）	（0.063）	（0.110）	（0.131）	（0.112）	（0.099）
Write-off dummy	−0.672***	−0.634***	0.131	0.335***	0.262**	0.174*
	（0.067）	（0.057）	（0.125）	（0.127）	（0.116）	（0.100）
IPO experience	−0.496***	−0.275**	0.186	0.204	0.676**	0.936***
	（0.162）	（0.115）	（0.229）	（0.225）	（0.271）	（0.219）
Constant	−0.590*	−1.865***	5.937***	8.204***	0.160	2.135***
	（0.314）	（0.344）	（0.553）	（0.816）	（0.652）	（0.677）
Company state fixed effects	Yes	Yes	Yes	Yes	Yes	Yes
Industry fixed effects	Yes	Yes	Yes	Yes	Yes	Yes

续表

被解释变量	Ln（number of rounds）Industry Expertise=1 （1）	Ln（number of rounds）Industry Expertise=0 （2）	Ln（duration）Industry Expertise=1 （3）	Ln（duration）Industry Expertise=0 （4）	Ln（average amount）Industry Expertise=1 （5）	Ln（average amount）Industry Expertise=0 （6）
Year fixed effects	Yes	Yes	Yes	Yes	Yes	Yes
N	1071	1916	2757	3824	1071	1916
R^2	0.527	0.499	0.240	0.300	0.495	0.557

注：括号内为系数的标准误。*** 代表在 1% 水平下显著；** 代表在 5% 水平下显著；* 代表在 10% 水平下显著。

第六节 种族相同与初创公司是否成功

在这一小节中，我们试图去回答这样的问题：种族纽带建立起的信任，对初创公司的成功而言，到底是促进的作用还是抑制的作用？风险投资家的信任是不是理性的？

参考已有的研究（Gompers 和 Lerner，2000；Brander，Amit 和 Antweiler，2002；Sørensen，2007；Bottazzi，Da Rin 和 Hellmann，2008；Nahata，2008），我们构造变量"*Success*"来衡量一家初创公司是否成功。具体而言，当初创公司最终被一家成熟公司收购或者最终在二级市场上公开募股时，该变量取值为 1，否则取 0。

表 4-12 展示了影响初创公司是否成功的 Probit 模型回归结果，其中核心解释变量仍然与本章前面部分一致，即为种族相同（*Same Ethnicity*）。表中汇报了各个解释变量的边际影响。此外，为了区别种族相同与分阶段注资分别以及共同对初创公司成功可能性的影响，我们在第一列中不仅加入了投资轮数对数［*Ln*（*Number of financing rounds*）］

作为解释变量，还加入了二者的交乘项；类似的，我们在第二列中用每轮投资金额的对数替换了轮数对数。从表中可以看出，在所有的回归中，种族相同（*Same Ethnicity*）的系数均显著为负，即当风险投资家与其投资的初创公司创始人来自同一少数移民种族时，该初创公司成功上市或被收购的概率将会降低。这一结果与 Bengtsson 和 H.Hsu（2015）的研究一致。此外，在第一列与第二列中，交乘项的系数分别在 5% 水平下显著为正和负。结合投资轮次与每轮金额的系数，我们可以发现，当风险投资家与创业者来自同一种族时，采用分阶段注资能够提高初创公司最终成功上市或者被收购的概率。然而，种族纽带的存在使得风险投资家更加信任创业者而采取较少的分阶段注资，从而降低了初创公司成功的概率。具体来说，从表 4-12 的第一列中可以看出，不考虑分阶段注资的情况时，种族纽带的存在使得初创公司成功的概率降低了 3.4%。而考虑分阶段注资的情况时，假设种族纽带也存在，那么每多一轮次的投资，初创公司成功的概率会提高 4.5%（0.045=-0.034+0.079）。结合前文“信任假说”的分析，种族纽带会减少分阶段注资，那么，我们可以得出结论，基于种族相同所建立的信任是有成本的、不理性的。

表 4-12　种族相同与初创公司成功的可能性

被解释变量：Success		
	（1）	（2）
Same Ethnicity	-0.034*	-0.246*
	（0.019）	（0.128）
Ln（*Number of financing rounds*）	-0.062**	
	（0.025）	
*Same Ethnicity * Ln*（*Number of financing rounds*）	0.079**	
	（0.039）	
Ln（*Average amount per round*）		0.040**
		（0.020）

续表

被解释变量：Success		
	（1）	（2）
*Same ethnicity*Ln（Average amount per round）*		–0.086**
		（0.040）
Number of VC investors	–0.011***	–0.007*
	（0.004）	（0.004）
Ln（Total amount）	0.070***	0.027*
	（0.021）	（0.015）
Earlier stage dummy	–0.052**	–0.045**
	（0.022）	（0.022）
Ln（Firm age at round one）	–0.007	0.001
	（0.014）	（0.013）
Industry market/book ratio	0.001	0.001
	（0.001）	（0.001）
Industry R&D/assets ratio	–0.000	–0.006
	（0.052）	（0.050）
Industry asset tangibility	0.069	0.119
	（0.108）	（0.100）
IPO experience	0.282	0.426
	（0.323）	（0.355）
Company state fixed effects	Yes	Yes
Industry fixed effects	Yes	Yes
Year fixed effects	Yes	Yes
Lead VC fixed effects	Yes	Yes
N	480	477
Pseudo-R2	0.631	0.573

注：括号内为系数的标准误。*** 代表在 1% 水平下显著；** 代表在 5% 水平下显著；* 代表在 10% 水平下显著。

第七节 中国场景的应用

本章研究了创始人的先天属性与风险投资分阶段注资的关系。先天属性是一个人与生俱来的特征，很难与风险投资产生联系，因此我们研究了创始人与投资人属性相似时，对分阶段注资的影响。这也是从社交网络角度开展的研究。由于创始人的属性信息属于非公开数据（相比上市公司高管信息公开化），目前我们能间接得到的与创始人先天属性相关的数据，只有美国市场上创始人的种族信息。因此，本章试图通过对美国市场的相关研究，得出一些能够为中国创业投资市场提供启发的结论。

中国是一个关系型社会，本章研究的种族关联，对应到中国的场景，应当是老乡关系。所谓“老乡见老乡，两眼泪汪汪”，老乡关系在公司金融的问题中有着不可忽视的作用。比如，陆瑶和胡江燕（2016）发现公司的董事与 CEO 存在老乡关系时，公司的违规倾向会显著提升，并且违规后被稽查的概率会降低。此外，陆瑶和胡江燕（2014）发现公司的董事会成员与 CEO 存在老乡关系时，公司的财务风险将会提高。

可见，上述研究证明了老乡关系对公司经营产生的负面影响。这与本章最后证明的种族关联对创业公司最终成功与否产生负面影响在逻辑上是一致的。即在社交网络关系中，相似特征（也可理解为熟人）的人一起合作，对团队的最终业绩可能是负面的影响。

第八节 本章结论

在本章中，以风险投资家和创业者的姓氏为依据，我研究了风险投资家与创业者种族相同对分阶段注资的影响。结合已有的文献与分析，我们建立了两个假说："信任假说"，即种族纽带使得风险投资家更加信任创业者，从而减少对初创公司的分阶段注资，减少对其约束；"敲竹杠假说"，即风险投资家偏向于投资与其来自同一种族的创业者，因此也就更容易被这样的创业者"敲竹杠"，所以风险投资家在这种情况下会更多地采用分阶段注资，以避免自身损失。

本章的主要发现如下：在使用工具变量解决了内生性问题后，可以证明，风险投资家对与其来自同一少数移民种族的创业者更加信任，采用更少的轮次，每轮间隔时间更长，每轮投资金额更高（即放心大胆，一次性多投资）。这一结论在采用替代性工具变量后仍然显著存在。此外，当风险投资机构与初创公司不在同一城市时，当风险投资家缺乏对初创公司的特定行业经验时，上述种族纽带带来的影响更加明显。总之，所有的实证结果均支持"信任假说"。然而，由种族相同带来的信任实际上是非理性的，它会导致公司成功的可能性降低。

第五章　先工作还是先创业？创始人经历与风险投资早期偏好

第一节　本章引言

风险投资专注于初创公司早期阶段的投资，通过孵化创业项目来促进创新，进而提升一国经济增长（Solow，1957）。然而，早期的初创公司往往是以“几个人＋一个点子”的形式存在，缺乏有形资产、面临严重的信息不对称问题、未来发展不确定性极大（Hall 和 Lerner，2010）。因此，如何准确判断初创公司的未来价值，做出合理的投资决策，显得尤为困难和重要。

在创业初期，公司的产品还未能得以展现，风险投资家可以依赖的信息少之又少。在这种情况下，区分一家初创公司与其他公司的最重要因素就是创始人团队（Wernerfelt，1984；Rajan 和 Zingales，2001；Rajan，2012；Schumpeter，1934；Kerr，Nanda 和 RhodesKropf，2014；Manso，2016）。Bernstein，Korteweg 和 Laws（2017）也证明，相比公司运营情况与已有投资者，面对一家早期的初创公司，风险投资家更加关注团队成员的背景信息。创始人的背景信息往往包括种族、性别、年龄、工作经历、创业经历、教育经历等（Bernstein，Korteweg 和 Laws，2017；Gompers，Huang 和 Wang，2017）。

在第四章，我们已经在前人的研究基础上，进一步研究了创始人先天属性——种族特征——与风险投资的关系。由于数据的限制，目前涉及创始人的其他先天属性（性别、年龄、出生地等）以及创始人的后天经历与风险投资的关系研究还比较少。

在我国，自 2014 年李克强总理提出“大众创业、万众创新”的口号以来，大量初创公司如雨后春笋般地出现，涌现出一大批的创业者。他们当中有来自国企、事业单位的员工，也有常年奋斗在其中的连续创业者，甚至有不少经验几乎为零的大学生。面对众多背景各异的创业者，一个自然的问题就是，怎样从中识别最优质的创始人团队，让资金流向最具潜力的项目？

因此，不论从学术的角度还是实践的角度来讲，探索初创公司创始人背景信息对投资决策的影响，都是一个值得研究的问题。

利用 IT 桔子对创业者个人特征汇总的数据，本章主要从风险投资视角进行以下研究：1. 创始人的创业经历、工作经历如何影响创业公司的早期融资？ 2. 创始人经历影响早期融资的内在机制是什么？ 3. 投资人依据创始人个人经历所做的投资决策是否理性？

本章的结果证实：在初创公司的早期融资阶段，相比创业经历，投资人更加青睐于有工作经验的创始人。具体表现为，拥有工作经历的创始人所在公司能够拿到投资的可能性提高，所获第一笔投资的时间距离公司成立年份更短，第一笔可以获得的投资金额更高。工作经历之所以对早期投资有显著的正面影响，是因为创始人的工作经历与目前创业行业一致，能够带来丰富的行业经验；也是因为过去行业的多元化能够为目前创业公司提供更多的思路与改进方法；过去在金融行业的从业经验、人脉也有助于目前的初创公司获得投资机构的资金支持。最后，我们还发现，拥有工作经历的创业者，不仅在项目早期融资阶段更能获得投资者的青睐，在中后期的发展阶段也会获得更多投资机构的认可，这说明投资者早期对工作经历的看重是合理的。

本章剩余结构安排如下：第二部分是本章涉及的变量定义与实证方法设计；第三部分是对本章重要变量的描述性统计；第四部分是实证研究结果与内在机制探索；第五部分是稳健性检验；第六部分是中后期投资分析；第七部分是本章总结。

第二节　研究设计

本章利用 IT 桔子提供的创始人背景信息，研究在初创公司成立早期阶段，拥有大公司工作经历与拥有创业经历，哪种经历的创始人对投资人更加有吸引力，以及这一问题的内在机制。本章采用的数据为自 2010 年至 2016 年成立的初创公司信息以及这些公司 2010 年至 2017 年的融资事件信息。在研究哪种经历的创始人对应的初创公司获得投资的概率更高时，研究对象为全部样本区间的初创公司；在研究哪种经历的创始人对应的初创公司获得第一笔投资时年龄更小、金额更大时，研究对象仅包含全部已经获得投资的初创公司。此外，在稳健性检验中，分别从“去除多个创始人的初创公司”与“去除金融行业的初创公司”等角度出发进行了实证分析。最后分析了创始人背景特征对其创业公司中后期融资的影响。

5.2.1 相关变量定义

按照核心解释变量、被解释变量、控制变量的顺序，本章涉及的各个变量的定义如下。其中，核心变量为创始人后天经历相关变量，被解释变量为衡量风险投资决策的相关变量。

（1）核心解释变量

创业经历（*Startup experience*）：哑变量，当初创公司的创始人或联合创始人中有一人曾经有过创业经历，该变量取值 1；当初创公司的所有创始人过去均没有创业经历时，该变量取值 0。

工作经历（*Work experience*）：哑变量，当初创公司的创始人或联合创始人中有一人曾经有过其他公司工作经历，该变量取值 1；当初创公司的所有创始人过去均没有其他公司工作经历时，该变量取值 0。

教育经历（*Education experience*）：哑变量，当初创公司的创始人或联合创始人中有一人曾经在清北复交浙或常青藤高校就读，该变量取值 1；当初创公司所有创始人过去均没有以上教育经历时，该变量取值 0。

（2）被解释变量

获得投资（*Receive invest*）：哑变量，若初创公司获得天使或风险投资机构的投资，该变量取值 1；若初创公司自成立以来从未获得投资且年龄超过 12 个月，该变量取值 0。该变量是衡量投资机构对初创公司是否青睐的关键性指标。

第一次获投年龄对数（*Log age month*）：初创公司自成立之月起到获得第一笔投资之间的月份差，即年龄，并且取对数。该值越高，说明投资机构对初创公司越看好，愿意在很早期阶段注资。

第一次获投金额对数（*Log money1*）：初创公司获得第一笔投资的金额，并且取对数。该值越高，说明投资者越看重初创公司。

获得第二笔投资（*Secoround*）：哑变量，若初创公司能够获得第二笔投资，该变量取值 1；若初创公司仅获得第一笔投资，该变量取值 0。

获得投资轮数对数（*Log rounds*）：初创公司所获得投资的总轮数，并且取对数。该值与每轮投资金额共同反映出投资者对初创公司的青睐程度。

每轮投资金额对数（*Log money*）：初创公司每轮投资所获得金额，并且取对数。该值越高，并且投资轮数也越高时，初创公司所获总投资金额越大，即更受投资者青睐。

（3）控制变量

早期阶段（*Earlier stage*）：哑变量，若初创公司获得当次投资时处于种子轮或者天使轮阶段，该变量取值 1；否则该变量取值 0。

创始人数（*Number founder*）：初创公司创始人或者联合创始人的总人数。

融资需求（*Need fund*）：哑变量，若初创公司有融资需求，该变量取值 1；若初创公司没有融资需求，该变量取值 0。

同行业经验（*Same ind*）：创始人团队中，过去工作经历中，与目前初创公司属于同一行业的经历占比。该比例越高，创始人团队对目前的初创公司所在行业经验越丰富。

行业经验集中度（*Concentration*）：创始人团队中，过去工作经历中，除去与目前初创公司所在行业相同的行业后，其他行业的集中程度。该值越低，创始人团队的行业经验越多元化。

投资行业经验（*Investment experience*）：创始人团队中，过去工作经历中，投资行业经历在所有经历中的占比。该比例越高，创始人团队的投资行业经验、人脉越丰富，对公司的融资越有帮助。

初创公司所处行业（*Industry*）：根据 IT 桔子对公司行业的分类，主要包括本地生活、电子商务、房产服务、工具软件、广告营销、教育、金融、旅游、农业、企业服务、汽车交通、社交网络、体育运动、文化娱乐、物流、医疗健康、硬件、游戏等 18 个行业。

5.2.2 实证模型设计与研究假说提出

本章的实证研究内容分为三个部分，首先以工作经历、创业经历为主要解释变量，研究创始人的哪种经历在创投市场上更能得到青睐，我们发现工作经历更被看重；之后研究创始人工作经历影响初创公司投资情况的可能内在机制，主要从过去行业经历的相似性、多元化、投资经历等三方面展开；最后是工作经历是否能得到后续投资者的认可，以及对主要实证结果的稳健性检验。

（1）创始人过去经历对初创公司早期融资的影响

处于早期发展阶段的初创公司，其是否能够得到投资机构的青睐，可以从以下三个方面衡量：首先，最直接的变量就是初创公司能否得到投资机构的投资；其次，初创公司获得第一笔投资时的年龄（年龄越小说明越受投资人青睐）；最后，初创公司所获得第一笔投资金额的大小也可以反映出投资人对该公司的认可程度。

因此，在这一部分，研究创始人过去经历对是否获得风险投资的影响我们采用 Probit 回归模型，过去经历对第一笔投资金额与年龄的影响我们采用 OLS 回归模型。几个模型分别设定如下：

$$Pr\left(Receiveinvest = 1 \mid X\right)$$

$$= \alpha + \beta_1 Startupexperience + \beta_2 Workexperience + \beta_3 Educationexperience + \gamma Controls + \delta Effects + \epsilon \quad \text{（式 5–1）}$$

$$y = \alpha + \beta_1 Startupexperience + \beta_2 Workexperience + \beta_3 Educationexperience + \gamma Controls + \delta Effects + \epsilon \quad \text{（式 5–2）}$$

其中，在式 5–1 中，被解释变量 *Receive invest* 衡量初创公司是否获得风险投资；在式 5–2 中，被解释变量 y 表示初创公司首次获得风险投资的年龄（*Log age month*）以及首轮获投金额（*Log money1*）。*Startup experience*、*Work experience* 以及 *Education experience* 分别表示创始人的创业经历、工作经历以及名校教育经历。在式 5–1 中，*Controls* 表示初创公司是否有融资需求（*Need fund*）、创始人团队人数（*Number founder*）控制变量；在式 5–2 中，*Controls* 在此基础上还加入了初创公司首次获投时的发展阶段（*Earlier stage*）等控制变量。*Effects* 包含了初创公司所在行业（*Industry*）、省份（*Province*）、成立年份（*Year*）层面的固定效应。

2010 年之后，中国创投市场发展极为迅速，涌现出一大批本土的创业投资机构，同时海外知名风险投资机构红杉资本、KPCB 等也在中国设立了分支机构，加上互联网行业的飞速发展，以及政策法规的鼓励，中国涌现出大批量的初创公司，开启了全民创业时代。这其中，很多的创业者为刚从高校毕业的大学生，或者曾经有过一两次失败的创业经历后再次成立公司的连续创业者，以及在各个大公司工作很多年经验丰富已经成为高管的行业精英。

这三类人中，背景一片空白的大学生优势在于年轻、充满热情、接受新鲜事物能力极强、能够迅速抓住当下热点，但是在社会经验、人脉等方面也存在明显的不足。连续创业者因为曾经有过创业的经历，对于注册公司、股权分配、与投资人谈判、激励员工、忍受创业初期工作强度与抵抗巨大心理压力等方面经验丰富。Paik（2010）研究了风险投资支持的美国半导体公司，发现连续创业者的公司成功率比首次创业者的公司成功率更高，该研究同时也发现连续创业者的公司存活时间更长，因为他们从先前的创业项目中学习到了相关的知识和技能。然而，由于连续创业者只有经营小公司的经验，可能存在格局不够大、产业布局不够明确、缺乏大公司客户、商业模式不够成熟等劣势。

有过大公司工作经验的创业者能够弥补上述两者的不足，他们拥有丰富的行业经验，对产业的上下游发展有着深刻的见解，在大公司从基层到高层系统性的锻炼是经营一家公司必不可少的重要能力，依托大公司的平台建立了丰富而专业的人脉，能够吸引到行业中的高端技术人才加入，并且他们已经积累了一定的财富，能够抵御创业失败带来的经济层面的风险。Gompers 等（2005）发现，30% 到 42% 的由风险投资支持的创业者有过上市公司工作经历；Klepper 和 Sleeper（2005）通过详细分析激光行业的数据，发现越成功的公司越能孵化更多的未来创业者，因为他们能够从先前的公司中学习相关技术，对市场的理解更深刻。但是这类创业者由于常年在大公司按部就班工作，作为大公司的一个螺丝钉，可能已经适应了顺从上级安排的工作性质，难以开展创造性、开拓性活动，而创新恰恰是初创公司安身立命之本。

因此，从各方面分析来看，创始人拥有创业经历和工作经历，初创公司未来业务发展潜力更大，公司最终成功的可能性更高。对于以追求投资回报为主要目标的风险投资机构而言，往往更青睐于拥有这两种经历的创始人。由此，我们提出下面的研究假说：

假说 5-1a：在控制其他变量后，相比拥有工作经历与没有任何经历，拥有创业经历的创始人所创立的公司，能够获得风险投资机构投资的可能性更高，并且获得投资更早，第一笔获投金额更高。

假说 5-1b：在控制其他变量后，相比拥有创业经历与没有任何经历，拥有工作经历的创始人所创立的公司，能够获得风险投资机构投资的可能性更高，并且获得投资更早，第一笔获投金额更高。

假说 5-1c：在控制其他变量后，相比没有任何经历，拥有创业经历或者工作经历的创始人所创立的公司，能够获得风险投资机构投资的可能性更高，并且获得投资更早，第一笔获投金额更高。

如果研究假说 5-1a 成立，我们将观察到 Probit 回归模型和 OLS 回归模型中 β_1 系数估计显著为正，并且 β_2 系数估计显著为负或者不显著，说明相比工作经历，投资人更加青睐于有创业经历的创始人。

如果研究假说 5-1b 成立，我们将观察到 Probit 回归模型和 OLS 回归模型中 β_1 系数估计显著为负或者不显著，并且 β_2 系数估计显著为正，说明相比创业经历，投资人更加青睐于有工作经历的创始人。

如果研究假说 5-1c 成立，我们将观察到 Probit 回归模型和 OLS 回归模型中 β_1 系数估计显著为正，并且 β_2 系数估计显著为正，说明相比没有任何经历，投资人更加青睐于有创业经历和工作经历的创始人。

（2）工作经历影响初创公司融资的内在机制

过去的工作经历之所以会对创始人当下的初创公司发展有帮助，可能是因为，过去就职的公司与当下初创公司属于同一行业，创始人过去的行业经验能够提高创始人在这一行业的技术水平与管理水平，以及对行业上下游的深刻理解；也可能因为，过去多元化的行业经历，能够帮助创始人在当下创业过程中拥有更宽广的思路，有利于拓展出新的商业模式；最后，如果创始人过去曾经在投资行业工作过，那么其积累的投资界的人脉极有可能成为公司未来的投资者，同时，投资行业的经验也能帮助创始人从专业的角度为融资做准备。

在这一部分，我们从创始人工作经历的行业角度出发，探索早期风险投资机构偏好于有工作经历的创始人的内在原因。这部分实证研究的被解释变量与上一部分一致，但由于需要研究由过去工作经历衍生出的行业经验对早期投资的影响，我们在被解释变量中加入了行业经验与工作经历的交互项，具体实证模型如下：

$$
\begin{aligned}
&Pr(Receiveinvest=1\mid X)\\
&=\alpha+\beta_1 Startupexperience+\beta_2 Workexperience+\beta_2' Workexperience\times\\
&\quad Industry+\beta_3 Educationexperience+\gamma Controls+\delta Effects+\epsilon
\end{aligned}
$$

（式 5–3）

$$
\begin{aligned}
y&=\alpha+\beta_1 Startupexperience+\beta_2 Workexperience+\beta_2' Workexperience\times\\
&\quad Industry+\beta_3 Educationexperience+\gamma Controls+\delta Effects+\epsilon
\end{aligned}
$$

（式 5–4）

上述模型中，所有的变量与前一部分相同，新加入的交乘项中，*Industry* 包括创始人以下三方面的行业经验（*Industry* 实际上包含了三个变量）：创始人过去工作经历中与目前初创公司行业一致的经历所占比例（*Same ind*）；除了目前初创公司行业外，创始人过去工作经历中，其他行业的行业集中度（*Concentration*）；创始人过去工作经历中，投资行业经历在所有经历中所占的比例（*Invest*）。

根据上述对创始人过去行业经历与早期融资的分析，我们可以提出如下研究假说：

假说 5–2：在控制其他变量后，创始人过去行业经历与目前初创公司所处行业越一致，除去目前行业之外的其他行业经历越多元化，投资行业经历越丰富，则创始人所在的初创公司越能得到风险投资机构的青睐。

如果假说 5–2 成立，我们将观察到，在式 5–3 的模型中，交乘项 $Workexperience \times Sameind$ 的估计系数 β_2' 显著为正，交乘项 $Workexperience \times Concentration$ 的估计系数 β_2' 显著为负，交乘项 $Workexperience \times Invest$ 的估计系数 β_2' 显著为负。在式 5–4 的模型中，当 y 为初创公司首次获投金额时，上述系数的正负与式 5–3 的估计保持一致；当 y 为首次获投年龄（*Log age month*）时，相关系数估计与式 5–3 相反。

（3）投资人青睐于有工作经历的创始人是否合理？

如果投资人在早期更加青睐于有工作经历的创始人，仅仅是在没有其他因素可以依据的情况下，主观上认为过去的行业经验能够帮助其更好地经营初创公司，那么初创公司之后的融资（主要依赖于公司之后的发展状况）是否能存活下来并且得到未来更多的投资机构的支持，就是对早期主观判断是否合理的一个事后验证。

因此，这一部分的被解释变量主要用于衡量初创公司后续融资情况，我们采用了 Probit 回归模型和 OLS 回归模型，具体如下：

$$\begin{aligned} &Pr\left(Secoround = 1 \mid X\right) \\ &= \alpha + \beta_1 Startupexperience + \beta_2 Workexperience + \\ &\quad \beta_3 Educationexperience + \gamma Controls + \delta Effects + \epsilon \end{aligned} \qquad \text{（式 5–5）}$$

$$y = \alpha + \beta_1 Startupexperience + \beta_2 Workexperience + \beta_2' Workexperience \times Industry + \beta_3 Educationexperience + \gamma Controls + \delta Effects + \epsilon$$

（式 5-6）

其中，在式 5-5 中，被解释变量 *Secoround* 为哑变量，表示创业公司是否获得第二轮投资。在式 5-6 中，被解释变量 y 包括创业公司所获得总投资轮次的对数（*Log round*），也包括创业公司每轮所获投资金额的对数（Log money）。其他解释变量与控制变量和前文一致。

根据前面对创始人过去工作经历与初创公司后续融资状况的关系分析，我们提出如下研究假说：

假说 5-3：在控制其他变量后，初创公司创始人拥有工作经历，能够提升公司获得第二轮投资的概率，能够促使公司获得更多轮次的投资，并且每轮所获投资金额更高。

如果假说 5-3 成立，我们将观察到 Probit 回归模型与 OLS 回归模型中，工作经历 *Work experience* 的 β_2 估计系数显著为正，说明早期投资者的工作经历偏好是合理的，拥有工作经历的创始人，其经营的初创公司能够长期存活下来并且业绩得到后期投资者的青睐。

此外，在本章的稳健性检验中，我们通过更换主要变量的度量标准、使用创始人仅有一人的子样本、去除金融行业的子样本、使用安慰剂检验等方法检验上述主要实证结果的稳健性。

第三节　描述性统计

在这一部分，我们将对本章相关的重要变量进行描述性统计。

在创始人过去经历方面，在全部初创公司 16632 个样本中，创始人拥有创业经历的初创公司 4853 家，占比 29.18%；创始人拥有工作经历的初创公司 3785 家，占比 22.76%；创始人拥有清北复交浙或北美常青藤名校教育经历的初创公司 1584 家，占比 9.52%。

表 5-1 描述性统计：初创公司创始人经历

		全部初创公司		全部获投初创公司	
变量名	统计量	1	0	1	0
创业经历	频数	4853	11779	2337	5115
	百分比	29.18%	70.82%	31.36%	68.64%
工作经历	频数	3785	12847	2447	5005
	百分比	22.76%	77.24%	32.84%	67.16%
教育经历	频数	1584	15048	1001	6451
	百分比	9.52%	90.48%	13.43%	86.57%

针对所有初创公司的性质，从下表中可以看出，在所有 16632 家初创公司中，能够得到投资的初创公司占比 45%；样本期的初创公司 75% 以上的公司创始人个数为 1 人；约 59% 以上的初创公司明确表明有融资需求；一半以上的初创公司成立于 2013 年甚至更早。

表 5-2 描述性统计：初创公司相关变量（全部样本）

变量名	样本数	p25	p50	平均值	p75	标准差
得到投资	16632	0	0	0.45	1	0.497
创始人个数	16632	1	1	1.31	1	0.726
融资需求	16632	0	1	1.53	1	0.499
成立年份	16632	2012	2013	2013.15	2014	1.472

对于已经至少获得一轮投资的初创公司，我们以其为样本做了如下表所示的描述性统计。可以看出，对所有获得投资的 7452 家初创公司而言，获得第一笔投资时的平均年龄为 11.5 月，平均获投金额为 2154 万人民币，73% 的获投公司处于种子或天使轮的较早期阶段，40% 的获投公司获得了第二次投资，在所有轮次的投资中，平均每轮投资金额为

7012 万人民币。

表 5–3　描述性统计：初创公司投资相关变量（全部获投公司样本）

变量名	样本数	p25	p50	平均值	p75	标准差
首次投资年龄	7452	2.97	7.13	11.5	15.57	13.003
首次投资金额	6519	3	3	21.54	15	122.693
早期阶段	7452	0	1	0.73	1	0.445
第二次投资	7452	0	0	0.40	1	0.491
投资轮次	7452	1	1	1.63	2	0.953
每轮金额	10727	3	10	70.12	30	491.268

第四节　实证研究结果

本章将针对创始人过去背景与初创公司能否获得投资的关系问题，从基准回归、内在机制两方面进行实证结果的描述与分析。

5.4.1 创始人经历与风险投资偏好——基准回归

对风险投资机构而言，投资的主要目的是给予初创公司资金支持，获取相应股权，使其不断发展、扩大，并且成功在二级市场公开发行股票（或者被大公司收购）之后，卖出股票，从创业公司退出，获取高倍数的投资回报。因此，在投资的早期阶段，选择一家有潜力的公司，显得至关重要。

然而，处于早期阶段的初创公司，绝大多数仅仅是“一个或几个人 + 一个创业想法”，没有营业额、没有客户、没有产品，创业想法也只是设想。那么，投资机构唯一可以依赖的信息就是创始人的信息，选择最有可能成功的创始人并且对其注资，是风险投资机构未来获取高额收益的第一步，也是关键的一步。

风险投资机构可以依赖的创业者信息，包括性别、年龄、种族、籍贯、过去工作经历、教育经历等多个层次的背景信息，在这一部分，我们主要探究创业者的工作经历与创业经历对投资决策的影响。

根据式 5-1 和式 5-2，我们对每一家初创公司，构造了创业经历（*Startup experience*）和工作经历（*Work experience*）两个哑变量，分别表示该初创公司的创始人是否有过相关创业经历与工作经历。我们用创始人是否有清北复交浙或北美常青藤学校的教育经历来控制创始人的能力，在控制了公司融资需求、创始人团队人数、公司所属行业、所在省份、成立年份等相关变量后，得到表 5-4、表 5-5、表 5-6 的回归结果。

在表 5-4 中，运用了 Probit 回归模型，被解释变量为初创公司能否得到投资这一哑变量，关键变量为创业经历、工作经历，控制变量为教育经历、创始人团队人数、融资需求，并且控制了行业、省份、成立年份三个层面的固定效应。

从回归结果中可以看出，创业经历（*Startup experience*）的系数不显著，说明创始人是否拥有创业经历对能否拿到风险投资没有明显的影响。工作经历（*Work experience*）的系数为正，估计值为 0.497，且在 1% 水平下显著，说明创始人拥有工作经历时，初创公司获得风险投资的可能性提高 49.7%。教育经历的系数为正，估计值为 0.231，且在 1% 水平下显著，说明创始人拥有顶级名校的教育经历时，初创公司获得风险投资的可能性提高 23.1%。创始团队人数系数为正，估计值为 0.134，且在 1% 水平下显著；融资需求系数为正，估计值为 0.326，且在 1% 水平下显著。这说明创始人团队人数增加且初创公司明确表明有融资愿望时，公司获得风险投资的概率将提升，这一结果与我们的预期是一致的。

表 5–4　公司创始人经历与风险投资决策（是否获投）

	(1) Receive invest	(2) Receive invest	(3) Receive invest
Startup experience	0.016	–0.005	–0.019
	(0.024)	(0.023)	(0.023)
Work experience	0.497***	0.500***	0.485***
	(0.026)	(0.026)	(0.026)
Education experience	0.231***	0.226***	0.219***
	(0.037)	(0.037)	(0.037)
Number founder	0.134***	0.130***	0.144***
	(0.017)	(0.017)	(0.017)
Need fund	0.326***	0.328***	0.363***
	(0.021)	(0.021)	(0.021)
Industry fixed effects	Yes	No	Yes
Province fixed effects	Yes	Yes	Yes
Year fixed effects	Yes	Yes	No
Constant	–1.205***	–1.220***	–1.085***
	(0.188)	(0.184)	(0.150)
N	16588	16590	16588
R^2	0.092	0.081	0.083

注：括号内为系数的标准误。*** 代表在 1% 水平下显著；** 代表在 5% 水平下显著；* 代表在 10% 水平下显著。

在表 5–5 中，被解释变量为初创公司获得第一笔投资时的年龄对数，关键变量仍为创业经历、工作经历，控制变量除了表 5–4 已有的变量以外，还加入了早期阶段哑变量（因为公司处于不同的发展阶段融资难易程度是不同的），我们同样控制了公司的行业、省份、成立年份三个层面的固定效应。回归结果显示，创业经历的系数不显著，说明创始人的创业经历对公司第一次获投的时间没有明显影响。工作经历的系数为负，估计值为 – 0.154，且在 1% 水平下显著，说明创始人拥有工作经历时，公司获得第一笔投资时的年龄将减小 15.4%，即创始人的工作经历能够帮助公司更早拿到第一笔投资。此外，相比表 5-4 的结果，该模型的 R^2 提高到 21.7%。

表 5-5 公司创始人经历与风险投资决策（首次获投年龄）

	(1) Log age month	(2) Log age month	(3) Log age month
Startup experience	-0.018	-0.021	-0.096***
	(0.024)	(0.024)	(0.025)
Work experience	-0.154***	-0.158***	-0.208***
	(0.024)	(0.024)	(0.025)
Education experience	-0.008	-0.012	-0.065*
	(0.033)	(0.033)	(0.035)
Earlier stage	-0.754***	-0.754***	-0.801***
	(0.024)	(0.024)	(0.025)
Number founder	-0.022	-0.025*	-0.033**
	(0.014)	(0.014)	(0.014)
Need fund	-0.031	-0.030	0.084***
	(0.024)	(0.024)	(0.024)
Industry fixed effects	Yes	No	Yes
Province fixed effects	Yes	Yes	Yes
Year fixed effects	Yes	Yes	No
Constant	1.596***	1.659***	2.761***
	(0.262)	(0.260)	(0.237)
N	7387	7387	7387
R^2	0.217	0.209	0.155

注：括号内为系数的标准误。*** 代表在 1% 水平下显著；** 代表在 5% 水平下显著；* 代表在 10% 水平下显著。

在表 5-6 中，被解释变量为初创公司获得第一笔投资的金额对数，关键变量仍为创业经历、工作经历，控制变量除了表 5-5 已有的变量外，还加入了初创公司获得第一笔投资的年龄，与前面一样我们控制了公司的行业、省份、成立年份三个层面的固定效应。回归结果显示，创业经历的系数为正，估计值为 0.043，且在 10% 水平下显著，说明当投资机构决定投资某一家创业公司时，其创始人的经历能够在一定程度上提升第一笔投资的金额。工作经历的系数为正，估计值为 0.130，且在 1% 水平下显著，说明创始人拥有工作经历时，公司第一笔获得的投资将显著提升 13%。此外，该模型的 R^2 提高到了 53.9%。

表 5–6　公司创始人经历与风险投资决策（首次获投金额）

	（1） Log money1	（2） Log money1	（3） Log money1
Startup experience	0.043*	0.034	–0.010
	（0.026）	（0.026）	（0.026）
Work experience	0.130***	0.136***	0.102***
	（0.025）	（0.026）	（0.026）
Education experience	0.005	0.020	–0.019
	（0.033）	（0.034）	（0.034）
Log age month	0.069***	0.061***	0.095***
	（0.013）	（0.013）	（0.013）
Earlier stage	–1.965***	–2.001***	–1.959***
	（0.030）	（0.031）	（0.030）
Number founder	0.033**	0.038**	0.030**
	（0.015）	（0.015）	（0.015）
Need fund	–0.101***	–0.091***	–0.009
	（0.027）	（0.027）	（0.026）
Industry fixed effects	Yes	No	Yes
Province fixed effects	Yes	Yes	Yes
Year fixed effects	Yes	Yes	No
Constant	3.025***	3.140***	2.820***
	（0.240）	（0.244）	（0.165）
N	6462	6462	6462
R^2	0.539	0.528	0.524

注：括号内为系数的标准误。*** 代表在 1% 水平下显著；** 代表在 5% 水平下显著；* 代表在 10% 水平下显著。

以上的实证结果说明：在控制了行业、省份、成立年份、创始人能力（用教育经历来衡量）等变量后，初创公司的创始人过去拥有创业经历，对公司是否能拿到第一笔投资的影响不大，而拥有工作经历的创始人会显著提升公司获得第一笔风险投资的可能性。此外，创始人拥有名校教育经历、创始人团队人数越多、初创公司明确表明有融资需求，都能显著提升公司获得第一笔风险投资的可能性。当我们用获得第一笔投资的年龄来衡量风险投资机构对初创公司的青睐时，发现拥有工作经历的创始人所建立的公司能够更早地获取投资。最后，从获取第一笔投资的金额来看，拥有创业经历与工作经历的创始人均能够提高公司第一笔融资的金额，而工作经历对第一笔金额的提升更明显。可见，创始人拥有创业经历并不能增加初创公司获得风险投资的可能性，然而一旦风险投资机构决定投资这家公司，创始人的创业经历会促使公司获投的金额增大。上述结果说明，在早期投资阶段，相比拥有创业经历与没有任何经历，拥有工作经历的创始人所创立的公司，能够获得风险投资机构投资的可能性更高，并且获得投资更早，第一笔获投金额更高，与假说 5-1b 一致。

5.4.2 内在机制——行业经验的角度

在前一小节的基准回归中，我们发现创始人过去拥有工作经历的初创公司往往更受风险投资的青睐。在这一节，我们将探索上述关系的内在机制，即为什么风险投资机构更偏好于拥有工作经历的创始人？先前的工作经历能为创业者带来什么？

首先，我们从创始人过去的工作经历中提取行业相似度“*Same ind*”变量，该变量指创业者过去的所有工作经历中，与目前初创公司行业一致的经历所占的比例。根据式 5-3 和式 5-4，我们将行业相似度与工作经历做交乘项，加入原有的模型。其余控制变量与固定效应保持不变，得到的回归结果如表 5-7 所示。从表中可以看出，当被解释变量为是否获得投资（*Receive invest*）以及首次获投金额（*Log money1*）时，交乘项的系数均为正（估计值分别为 0.168 和 0.093），并且分别在 1% 和 5% 水平下显著，说明创始人过去的工作经历通过影响其在相关行业的经验来影响风险投资的决策。具体来说，当创始人拥有工作经历时，过去经历与目前创业的公司行业重合度越高，公司拿到风险投资的可能性越高，公司能够拿到的首次投资金额也越高。

表 5-7　创始人工作经历与风险投资决策（加入行业经历相似度）

	（1） Receive invest	（2） Log age month	（3） Log money1
Startup experience	0.007	−0.016	0.042^{*}
	（0.024）	（0.024）	（0.022）
Work experience	0.474^{***}	-0.162^{***}	0.068^{***}
	（0.029）	（0.027）	（0.024）
*Work*same ind*	0.168^{***}	0.020	0.093^{**}
	（0.056）	（0.047）	（0.044）
Education experience	0.230^{***}	−0.009	0.003
	（0.037）	（0.033）	（0.028）
Log age			0.055^{***}
			（0.011）
Earlier stage		-0.758^{***}	-1.742^{***}
		（0.024）	（0.028）
Number founder	0.147^{***}	−0.021	0.035^{***}
	（0.017）	（0.014）	（0.013）
Industry fixed effects	Yes	Yes	Yes
Province fixed effects	Yes	Yes	Yes
Year fixed effects	Yes	Yes	Yes
Constant	-0.964^{***}	1.590^{***}	3.055^{***}
	（0.184）	（0.263）	（0.176）

续表

	(1) Receive invest	(2) Log age month	(3) Log money1
N	16588	7391	6466
R^2	0.082	0.217	0.555

注：括号内为系数的标准误。*** 代表在 1% 水平下显著；** 代表在 5% 水平下显著；* 代表在 10% 水平下显著。

其次，我们从创始人过去的工作经历中提取除去与目前创业的公司行业一致的经历，用其余的行业经历计算行业集中度“*Concentration*”变量，该变量衡量创始人过去的所有工作经历中，除去创业行业以外的经历单一性。根据式 5–3 与式 5–4，与上面部分类似地，我们将行业集中度与工作经历做交乘项，加入原有的模型。其余控制变量与固定效应保持不变，得到的回归结果如表 5–8 所示。从表中可以看出，当被解释变量为是否获得投资（*Receive invest*）以及首次获投金额（*Log money1*）时，交乘项的系数均为负（估计值分别为– 0.103 和– 0.084），并且在 10% 水平下显著，说明创始人过去的工作经历通过影响其在其他行业多元化的经验来影响风险投资的决策。具体来说，当创始人拥有工作经历时，除去目前创业公司所在行业，在其他行业的经历越多元（即行业越不集中），公司拿到风险投资的可能性越高，公司能够拿到的首次投资金额也越高。

表 5–8　创始人工作经历与风险投资决策（加入行业经历集中度）

	(1) Receive invest	(2) Log age month	(3) Log money1
Startup experience	0.006	–0.016	0.041*
	(0.024)	(0.024)	(0.022)
Work experience	0.586***	–0.146***	0.149***
	(0.048)	(0.040)	(0.037)
*Work*concentration*	–0.103*	–0.016	–0.084*

续表

	(1) Receive invest	(2) Log age month	(3) Log money1
	(0.056)	(0.047)	(0.044)
Education experience	0.229***	−0.009	0.003
	(0.037)	(0.033)	(0.028)
Log age			0.055***
			(0.011)
Earlier stage		−0.758***	−1.742***
		(0.024)	(0.028)
Number founder	0.142***	−0.022	0.031**
	(0.017)	(0.014)	(0.013)
Industry fixed effects	Yes	Yes	Yes
Province fixed effects	Yes	Yes	Yes
Year fixed effects	Yes	Yes	Yes
Constant	−0.960***	1.590***	3.056***
	(0.184)	(0.263)	(0.176)
N	16588	7391	6466
R^2	0.082	0.217	0.555

注：括号内为系数的标准误。*** 代表在 1% 水平下显著；** 代表在 5% 水平下显著；* 代表在 10% 水平下显著。

之后，我们从创始人过去的工作经历中提取投资行业相关的经历，计算出投资行业经验“*Invest*”变量，该变量指创始人过去的所有工作经历中，投资行业经历所占的比例。根据式 5–3 和式 5–4，与前两部分类似地，我们将投资行业经验与工作经历做交乘项，加入原有的模型，其余控制变量与固定效应保持不变，得到的回归结果如表 5–9 所示。从表中可以看出，当被解释变量为是否获得投资时，交乘项的系数为正，估计值为 0.506，并且在 5% 水平下显著。当被解释变量为初创公司获得第一笔投资的年龄时，交乘项系数为负，估计值为– 0.388，并且在 1% 水平下显著。说明创始人过去的工作经历通过影响其在投资行业的经验来影响了风险投资的决策。具体来说，当创始人拥有工作经历时，其过去在投资行业的经历越多，在融资方面的经验越丰富、专业水平越高，并且在投资行业的业内人脉资源更丰富，那么公司拿到风险投资的可能性就越高，公司得到第一笔投资的时间也越早。

表 5-9　创始人工作经历与风险投资决策（加入投资行业经历）

	(1) Receive invest	(2) Log age month	(3) Log money1
Startup experience	0.005	-0.017	0.040*
	(0.024)	(0.024)	(0.022)
Work experience	0.507***	-0.150***	0.090***
	(0.026)	(0.024)	(0.022)
*Work*invest*	0.506**	-0.388***	0.076
	(0.227)	(0.133)	(0.155)
Education experience	0.227***	-0.004	0.002
	(0.037)	(0.033)	(0.028)
Log age			0.056***
			(0.011)
Earlier stage		-0.759***	-1.743***
		(0.024)	(0.028)
Number founder	0.143***	-0.022	0.032**
	(0.017)	(0.014)	(0.013)
Industry fixed effects	Yes	Yes	Yes
Province fixed effects	Yes	Yes	Yes
Year fixed effects	Yes	Yes	Yes
Constant	-0.968***	1.592***	3.052***
	(0.184)	(0.263)	(0.177)
N	16588	7391	6466
R^2	0.082	0.218	0.555

注：括号内为系数的标准误。*** 代表在 1% 水平下显著；** 代表在 5% 水平下显著；* 代表在 10% 水平下显著。

最后，随着近几年的创业热潮兴起，很多知名互联网企业的高级工程师、高级管理人员纷纷加入创业团队。根据 IT 桔子的统计，在中国，培育创始人最多的三家巨头公司分别为百度、阿里巴巴和腾讯（后文用 BAT 指代）。这三家公司的高级工程师、高级管理人员大部分在早期就加入其中，从公司的初创阶段到上市，从产品的无到有，积累了丰富的互联网行业相关经验与人脉，因此其创业成功的可能性更高，对投资人而言也就更具吸引力。为了研究 BAT 经历的创始人对风险投资决策的影响，接下来，我们利用百度、阿里巴巴和腾讯工作经历的哑变量来替代前文中的工作经历变量，考察创始人 BAT 经历与初创公司早期投资决策的关系。我们运用了 Probit 模型，被解释变量为初创公司能否获得投资，其余控制变量以及固定效应和式 5-1 一致，回归的结果如表 5-10 所示。

从表中可以看出，在第一列中，在控制了创业者能力、创始人人数、融资需求等变量后，若同时加入初创公司所处行业、省份、成立年份三个层面的固定效应，bat 经历的系数为正，估计值为 0.525，并且在 1% 水平下显著，说明创始人拥有 BAT 工作经历的背景时，其成立的初创公司获得风险投资的可能性将会提高 52.5%。

在第二列中，在控制了创业者能力、创始人团队人数、融资需求、公司发展阶段等变量后，若同时加入初创公司所处省份、成立年份两个层面的固定效应，BAT 经历的系数为负，估计值为 -0.231，并且在 1% 水平下显著，说明创始人拥有 BAT 工作经历的背景时，其成立的初创公司获得首次风险投资的年龄将会减少 23.1%，即公司会更早地获得风险投资。

在第三列中，在控制了创业者能力、创始人团队人数、融资需求、公司年龄、公司发展阶段等变量后，若同时加入初创公司所处行业、省份两个层面的固定效应，BAT 经历的系数为正，估计值为 0.111，并且在 1% 水平下显著，说明创始人拥有 BAT 工作经历的背景时，其成立的初创公司获得首次风险投资的金额将提高 11.1%。

上述结果与基准回归结果基本保持一致，不同的是，在以 BAT 工作经历替代工作经历变量后，在第一列中，创业经历的系数在 1% 水平下显著为正，说明创始人的创业经历能够将公司获得风险投资的概率提升 6.7%；在第三列中，创业经历的系数在 5% 水平下显著为正，估计值为 0.054，这一结果再次验证了我们前面的结论，一旦投资机构决定支持一家初创公司，那么创始人的创业经历将促使其第一笔获得的资金提高 5.4%。由此可见，在早期投资中，拥有创业经历的创始人也会得到投资人的青睐，只是相比而言，工作经历尤其是 BAT 工作经历更被看重。

内在机制的实证分析结果表明，创始人过去行业经历与目前初创公司所处行业越一致，除去目前行业之外的其他行业经历越多元化，投资行业经历越丰富，则创始人所在的初创公司越能得到投资机构的青睐。这些结论与假说 5-2 保持一致。

表 5-10　创始人工作经历与风险投资决策（BAT 的经历影响）

	（1） Receive invest	（2） Log age month	（3） Log money1
Startup experience	0.067***	−0.028	0.054**
	（0.023）	（0.024）	（0.026）
BAT	0.525***	−0.231***	0.111***
	（0.053）	（0.043）	（0.041）
Education experience	0.324***	−0.028	0.022
	（0.036）	（0.033）	（0.033）
Log age			0.067***
			（0.013）
Earlier stage		−0.748***	−1.971***
		（0.025）	（0.031）
Number founder	0.182***	−0.032**	0.045***
	（0.017）	（0.013）	（0.015）
Need fund	0.339***	−0.038	−0.095***
	（0.021）	（0.024）	（0.027）

续表

	(1) Receive invest	(2) Log age month	(3) Log money1
Industry fixed effects	Yes	Yes	Yes
Province fixed effects	Yes	Yes	Yes
Year fixed effects	Yes	Yes	Yes
Constant	-1.270^{***}	1.570^{***}	3.010^{***}
	(0.188)	(0.265)	(0.240)
N	16588	7387	6462
R^2	0.081	0.216	0.537

注：括号内为系数的标准误。*** 代表在 1% 水平下显著；** 代表在 5% 水平下显著；* 代表在 10% 水平下显著。

第五节　稳健性检验与拓展分析

从前面的分析中，我们已经发现，投资早期的初创公司时，相比拥有创业经历的创始人，风险投资机构往往更青睐于拥有工作经历的创始人。那么，一个问题自然就产生了，拥有工作经历的创始人真的能够带领初创公司按照预期顺利发展，从一个想法做起，推出产品、开拓市场、扩大影响力，直至公司越来越成熟，最终被收购或者成功上市吗？

为了深入研究创业者工作经历的重要性，在这一部分，我们首先对前面基准实证回归结果进行稳健性检验，然后进一步分析创始人工作经历为初创公司后期发展、融资等带来的影响。

5.5.1 安慰剂检验

首先，我们采用安慰剂检验的方法，证明上述基准回归结果不是偶然发生的。具体来说，我们根据样本中的初创公司创始人工作经历这一变量取值的分布，随机地将该变量赋值为“1”和“0”，但仍保持变量分布不变（即保持16632个样本中，创业经历这一哑变量取“1”的频数为3785）。其余变量的取值保持不变，以此模拟整个研究样本，然后进行与基准模型一致的回归分析（即式5-1）。经过2000次模拟，工作经历的系数估计与标准误分布如下表5-11，从表中可以看出，关键变量的系数的所有统计量均不显著。说明我们的实证结果“早期的风险投资家更偏好于投资有工作经历的创业者”并不是偶然发生的。

表5-11　安慰剂检验

变量	Mean	P5	P25	P50	P75	P95	S.D.	N
Coefficient	0.000	−0.015	−0.006	−0.000	0.006	0.015	0.009	2000
Se	0.009	0.009	0.008	0.009	0.009	0.009	0.000	2000

5.5.2 创始人子样本——创始人为一人的情况

在本书的数据样本中，75%以上的初创公司创始人团队仅有一人，其余25%的公司中，拥有多位创始人。那么，如果我们仅仅关注创始人为一人的样本，上述回归结果是否有变化呢？为了研究这一问题，我们利用除去多个创始人之后的子样本，对基准回归进行再次验证，回归的结果如下表5-12所示。从表中可以发现，当被解释变量分别为是否获得投资（*Receive invest*）与首次获投金额（*Log money1*）时，工作经历的估计系数与基准回归结果一致，均为正，并且在1%水平下显著。当被解释变量为初创公司获得第一笔投资的年龄时，工作经历的估计系数为－0.285，在1%水平下显著，创业经历的系数为－0.099，在1%水平下显著。这说明，当初创公司只有一位创始人时，创始人的工作经历能够显著地提升公司获得投资的可能性，缩短公司获得投资所需的时间，增加公司第一笔投资的金额，这也证明了基准回归结果的稳健性；与基准回归不同的是，当初创公司只有一位创始人时，拥有创业经历也能帮助公司在一定程度上尽早融资（将获得第一笔投资的年龄缩短 9.9%），但这一影响相比创始人拥有工作经历的情况（将获得第一笔投资的年龄缩短 28.5%），显然小得多。

表 5–12　稳健性检验——单个创始人子样本

	（1） Receive invest	（2） Log age month	（3） Log money1
Startup experience	0.022	−0.099***	−0.040
	（0.028）	（0.032）	（0.031）
Work experience	0.502***	−0.285***	0.112***
	（0.032）	（0.033）	（0.031）
Education experience	0.194***	−0.064	0.042
	（0.048）	（0.049）	（0.044）
Earlier stage		−1.055***	−1.987***
		（0.031）	（0.033）
Need fund	0.377***	−0.144***	−0.106***
	（0.024）	（0.031）	（0.031）
Log age month			0.114***
			（0.014）
Industry fixed effects	Yes	Yes	Yes
Province fixed effects	Yes	Yes	Yes
Year fixed effects	Yes	Yes	Yes
Constant		4.096***	2.304***
		（0.300）	（0.199）
N	13191	6295	5432
R^2	0.086	0.251	0.558

注：括号内为系数的标准误。*** 代表在 1% 水平下显著；** 代表在 5% 水平下显著；* 代表在 10% 水平下显著。

5.5.3 行业子样本——除去金融行业的情况

由于金融行业的特殊性，按照目前学术界的惯用做法，我们将全部样本中金融行业去除，余下的子样本进行稳健性检验。实证结果如下表5-13所示。从表中可以看出，在除去了金融行业的相关样本后，实证结果与基准回归保持一致。工作经历的估计系数分别为0.490，-0.159和0.139，系数估计值的绝对值均大于基准回归结果中相应的系数估计值，说明在非金融行业的创业中，创始人拥有工作经历被投资人青睐的现象更加明显。该结果与基准回归结果在系数正负与显著性水平方面均相差不大，验证了基准回归结果的稳健性。

表5-13 稳健性检验——除去金融行业后的子样本

	(1) Receive invest	(2) Log age month	(3) Log money1
Startup experience	0.002	-0.017	0.048*
	(0.025)	(0.026)	(0.027)
Work experience	0.490***	-0.159***	0.139***
	(0.028)	(0.026)	(0.026)
Education experience	0.249***	0.003	-0.006
	(0.039)	(0.035)	(0.035)
Log age			0.066***
			(0.014)
Earlier stage		-0.738***	-1.955***
		(0.026)	(0.032)
Number founder	0.148***	-0.024	0.025
	(0.018)	(0.015)	(0.017)
Need fund	0.300***	-0.037	-0.083***
	(0.022)	(0.025)	(0.027)
Industry fixed effects	Yes	Yes	Yes
Province fixed effects	Yes	Yes	Yes

续表

	(1) Receive invest	(2) Log age month	(3) Log money1
Year fixed effects	Yes	Yes	Yes
Constant	-1.179***	1.553***	3.085***
	(0.194)	(0.271)	(0.198)
N	15248	6726	5892
R^2	0.092	0.207	0.530

注：括号内为系数的标准误。*** 代表在 1% 水平下显著；** 代表在 5% 水平下显著；* 代表在 10% 水平下显著。

5.5.4 模型稳健——更换回归模型

在研究创业者经历与初创公司能否得到风险投资的关系时，由于被解释变量是否获投为哑变量，因此我们主要采用了 Probit 回归模型。在这里，为了验证基准实证回归结果的稳健性，我们采用普通最小二乘法（OLS 回归）替换基准回归模型。实证结果如表 5-13 所示。从表中可以看出，以加入初创公司行业、省份、成立年份三个层面的固定效应的第一列结果为例，当被解释变量为初创公司能否获投时，创业经历的估计系数不显著，工作经历的系数在 1% 水平下显著为正，估计值为 0.185，模型整体 R^2 为 12%。该结果与基准实证结果基本保持一致，即创业经历对初创公司是否能取得投资影响不显著，工作经历对初创公司是否能取得投资有显著的正的影响，对风险投资机构而言，相比拥有创业经历，投资人更青睐于有工作经历的创始人。

表 5-14　创业者经历与风险投资早期投资决策（OLS 回归）

	(1) Receive invest	(2) Receive invest	(3) Receive invest
Startup experience	0.005	–0.002	–0.007
	(0.008)	(0.009)	(0.008)
Work experience	0.185***	0.188***	0.182***
	(0.010)	(0.010)	(0.010)
Education experience	0.083***	0.082***	0.079***
	(0.013)	(0.013)	(0.013)
Number founder	0.048***	0.048***	0.052***
	(0.006)	(0.006)	(0.006)
Need fund	0.118***	0.120***	0.132***
	(0.008)	(0.008)	(0.007)
Industry fixed effects	Yes	No	Yes
Province fixed effects	Yes	Yes	Yes
Year fixed effects	Yes	Yes	No
Constant	0.136***	0.127***	0.114**
	(0.048)	(0.047)	(0.045)
N	16608	16608	16608
R^2	0.120	0.107	0.109

注：括号内为系数的标准误。*** 代表在 1% 水平下显著；** 代表在 5% 水平下显著；* 代表在 10% 水平下显著。

5.5.5 机制稳健——行业经验替代变量

在 5.4.2 中，本书构造与创始人工作经历有关的行业经验变量，证明了假说 5-2，即创始人过去的工作经历通过影响其在目前创业的相同行业经验、所有行业的多元化经验、投资行业的投融资经验，进而影响投资人的早期投资决策。为了验证这一结论的稳健性，本书对上述三个行业经验相关的指标分别构建了替代变量，即用创始人过去的行业经历中，与目前创业行业不同的经历占比，来替代与目前创业行业相同的经历占比；用过去工作经历中，所有行业的集中度，来代替除了目前创业行业以外的行业集中度；用过去工作经历中，是否存在投资行业经历，来代替投资行业经历在所有经历中的占比。我们用替代变量来研究内在机制问题，得到如下表 5–15 所示的结果。

从表中可以看出，不同行业所占比例与工作经历交乘项的系数为负，说明工作经历中不同于目前创业行业的经历越多，初创公司越不容易获得风险投资（因为创始人缺乏创业行业相关的经验）；所有行业的集中度与工作经历的交乘项系数为负，并且在 5% 水平下显著，说明过去的行业经历越多元化，初创公司越容易获得风险投资①；投资行业经历哑变量与工作经历的交乘项系数为正，并且在 1% 水平下显著，说明过去的行业经历中，投资行业的经验能够提高初创公司获得风险投资的概率。上述结果与 5.4.2 一致，证明了内在机制相关结果的稳健性。

表 5–15　稳健性检验——行业经验替代性变量

	（1）	（2）	（3）
	Receive invest	Receive invest	Receive invest
Startup experience	0.005	0.003	0.005
	（0.024）	（0.024）	（0.024）
Work experience	0.528***	0.664***	0.506***
	（0.048）	（0.078）	（0.026）
*Work*dif ind*	–0.021		
	（0.058）		
*Work*concentration total*		–0.179**	
		（0.087）	
*Work*invest dummy*			0.398***

① 由于此处不同行业经历的衡量指标是与所创业行业不相同的其他行业总数占比，而行业总集中度的衡量指标是所有行业经历的总分布情况，其他行业总数占比越高，不一定行业集中度越小（因为可能其他行业是同一行业），因此我们得出“与创业行业不同的行业经历越多，获得投资的概率降低”与“工作经历越多元化，获得投资的概率越高”这两个结论并不是绝对矛盾的。

续表

	(1) Receive invest	(2) Receive invest	(3) Receive invest
			(0.150)
Education experience	0.231***	0.227***	0.225***
	(0.037)	(0.037)	(0.037)
Number founder	0.142***	0.138***	0.142***
	(0.018)	(0.018)	(0.017)
Industry fixed effects	Yes	No	Yes
Province fixed effects	Yes	Yes	Yes
Year fixed effects	Yes	Yes	No
Constant	-0.964***	-0.956***	-0.966***
	(0.184)	(0.184)	(0.184)
N	16588	16588	16588
R^2	0.082	0.082	0.082

注：括号内为系数的标准误。*** 代表在 1% 水平下显著；** 代表在 5% 水平下显著；* 代表在 10% 水平下显著。

5.5.6 拓展分析——后续投资情况

在前面的实证研究中，本书已经证明了假说 5-1b，即在早期投资阶段，对风险投资机构而言，相比拥有创业经历的创业者，其更青睐于投资拥有工作经历的创业者，并且对这类创始人的公司投资更早，第一笔投资金额更高。那么，接下来，本书想研究，投资人的这种早期偏好，是不是合理的？能否得到后期投资人的认可？拥有工作经历的创始人其成立的初创公司在之后的表现是否比拥有创业经历的创始人对应的公司更好？

为了研究上述问题，首先，本书以全部获得第一笔投资的初创公司为样本，用 Probit 回归模型，研究创始人过去经历对初创公司是否能获得第二笔投资的影响，回归结果如下表 5-16 的第一列所示。其中，被解释变量为初创公司是否获得第二笔投资哑变量（*Secoround*），创业经历的估计系数为– 0.033，且不显著；工作经历的估计系数为正，估计值为 0.180，并且在 1% 水平下显著；教育经历的估计系数为正，估计值为 0.187，并且在 1% 水平下显著。模型的拟 R^2 为 0.068。上述结果表明，在获得第一笔投资后，相比拥有创业经历，拥有工作经历的创始人所建立的初创公司获得风险投资第二轮投资的概率更高。

表 5-16 的第二列和第三列中，被解释变量分别为初创公司在样本期内能够获得投资的轮数对数（Log rounds）与每轮投资获得的金额对数（Log money）。我们可以看到，创始人的创业经历对公司所获投资轮数的影响为负，对公司每轮所获金额的影响不显著。而创始人的工作经历对公司获投轮次与每轮获投金额的影响均为正，系数估计值分别为 0.044 与 0.122，并且在 1% 的水平下显著。这说明，拥有工作经历的创始人所成立的初创公司，在后期的融资中也同样被投资人看好，能够获得更多轮次与更多金额的投资。可见，早期投资人看重创始人的工作经历也被后期投资人认可。

在创业公司的后期融资中，随着公司逐渐发展起来，除了创始人的信息，投资人依据的信息也包括产品、市场规模、营业额等，本书推测，公司后期融资的规模越大，也体现出公司的发展越好。由此可见，拥有工作经历的创始人确实能够为创业公司的业绩带来正面的影响（由于无法得到创业公司的财务信息，这里仅作推测，暂时没有采用实证分析）。

表 5-16　创始人经历对初创公司后续投资影响

	（1） Secoround	（2） Log rounds	（3） Log money
Startup experience	–0.033	–0.022***	0.035
	（0.037）	（0.008）	（0.024）

续表

	(1) Secoround	(2) Log rounds	(3) Log money
Work experience	0.180***	0.044***	0.122***
	(0.037)	(0.008)	(0.024)
Education experience	0.187***	0.047***	0.033
	(0.050)	(0.012)	(0.033)
Number founder	0.097***	0.030***	0.050***
	(0.021)	(0.005)	(0.015)
Log money first	-0.019		
	(0.014)		
Log age first	-0.253***		
	(0.019)		
Log age		-0.006	0.033**
		(0.004)	(0.013)
Earlier stage		0.049***	0.000
		(0.008)	(.)
Industry fixed effects	Yes	No	Yes
Province fixed effects	Yes	Yes	Yes
Year fixed effects	Yes	Yes	No
Constant	-0.745*	0.644***	2.920***
	(0.395)	(0.059)	(0.177)
N	6455	6730	10654
R^2	0.068	0.129	0.694

注：括号内为系数的标准误。*** 代表在 1% 水平下显著；** 代表在 5% 水平下显著；* 代表在 10% 水平下显著。

第六节　本章结论与启示

5.6.1 本章主要结论

创业公司处于早期阶段时风险投资的投资依据一直是学术界涉及较少的问题。在以往的研究中，学者们往往关注风险投资能够为初创企业带来的价值，却很少回答哪些因素会决定风险投资是否选择支持一家初创公司。由于缺少创业者背景信息的数据，以及风险投资有可能投资但最终未投资的初创公司数据，因此研究风险投资的早期投资偏好一直是学术界没有回答的问题。在本章的研究中，我们选择了 IT 桔子这一创投领域新兴数据库，从中获取创业者创业经历、工作经历以及教育经历等重要信息。更重要的是，IT 桔子提供了 2010 年以来成立的绝大多数的初创公司信息，包括得到风险投资支持与未得到风险投资支持的公司。这为我们研究创业早期投资人更看重哪些因素提供了理想的数据来源，我们可以直接观测到哪些公司被风险投资支持，哪些没有，而不是仅仅依靠全部已经发生的投资事件来做事后分析。

创业经历能够帮助创始人快速成长，培养独当一面的能力，了解公司从无到有的方方面面问题该如何处理；工作经历能够帮助创始人深刻理解相关行业上下游产业链、积累业界人脉、在大平台中系统地训练运营一家公司的能力。作为创始人而言，两种经历似乎都对创业有帮助，又都有其局限性。

在中国，近两年，随着“大众创业、万众创新”的口号不断深入，很多大学生一毕业甚至没毕业就加入了创业大军，也有不少人认为先去大公司工作一段时间再来创业，对未来公司的发展更有利。因此，究竟是直接去创业，还是先去大公司工作，是实践中关注度极高又一直没有被回答的问题。

本章利用 IT 桔子数据库中创业者背景信息与公司获投情况信息，研究早期投资者对创业者经历的偏好。实证结果有如下发现：1. 对早期投资者而言，相比拥有创业经历的创始人，更青睐于拥有工作经历的创始人；2. 工作经历之所以被投资人更看重，是因为过去的工作经历能够带来目前创业行业的相关经验，能够帮助创始人用多元化的行业经历来全面指导公司发展，过去的投资行业从业经验也能帮助创始人建立投资圈子的人脉，用专业的投资经验提升公司，以获取更早、更多的风险投资支持；3. 早期投资人对创始人工作经历的偏好也被后续投资人认可，具体表现为，相比拥有创业经历，拥有工作经历的创始人获得第二笔风险投资的可能性更高，总投资轮次与每轮所获金额也更高；4. 相比之下，虽然创始人拥有创业经历对初创公司能否得到第一笔投资以及首次投资年龄影响不显著，但是风险投资人一旦决定投资一家初创公司，创始人的创业经历将显著提升第一笔投资的金额。

5.6.2 启示

本章的研究给我们带来如下启发：在全民创业的新时期，如果想要未来的公司得到风险投资的支持，作为创始人，应该先到成熟的大公司工作一段时间，掌握一定的行业经验与人脉资源，这有助于公司未来得到风险投资支持。

另一方面，风险投资在早期阶段本就是带着巨大的风险与不确定性来注资，可以依赖的信息只有创始人团队与想法。本章研究了什么样背景的创业者更受早期以及中后期投资人的青睐，对于风险投资家的早期投资决策具有一定的指导借鉴意义。

第六章　创始人教育背景与风险投资

第一节　本章引言

自古以来，教育一直是个人成才过程中至关重要的环节，教育投入也是一个国家提升综合实力必不可忽视的举措。对教育背景所产生的价值研究一直以来被学术界广泛关注。在劳动经济学领域，受教育程度能够显著地提升一个人的工资水平已经被很多研究证实（Ashenfelter 和 Krueger，1994；Butcher 和 Case，1994；Card，2001；Harmon 和 Walker，1995）。在公司金融领域的研究中，公司高管以及投资者的教育水平也被视为影响各自行为与业绩的一个重要的考量因素。比如，周为（2014）将学历背景进行细分，发现高管的教育背景越好，公司财务风险越低，长期赢利能力越高。黄福广等（2016）研究发现，风险投资机构团队的教育背景影响其高科技投资偏好。

然而，学术上关于教育在创业与风险投资市场上所发挥作用的研究十分少见。不少研究已经发现（Bernstein 等，2017；Gompers 等，2017），对早期的风险投资家而言，考虑到绝大多数项目未来发展状况难以估计，以创业公司创始人本身为出发点为投资决策提供了方向。目前关于创始人的具体哪些信息如何影响投资决策还未被学者们论证。通常情况下，学者与投资者可以观测到的创始人的重要信息之一就是教育背景，那么教育背景如何影响风险投资家的决策呢？高学历的创始人是否更受风险投资家的青睐？

随着社会的进步与发展，人类的整体受教育水平在近些年得到了较大提升，在完成大学教育后，继续深造（出国留学与攻读研究生）的比例也越来越高。伴随着中国互联网、大数据、人工智能等高科技行业创业热潮的到来，高学历的群体不再以追求“安稳工作”为目标，创业者群体的教育水平得到了显著的提升，当然也存在不少盲目跟随潮流的现象。

因此，无论从学术的角度还是实践的角度，探讨初创公司创始人教育经历对风险投资决策的影响，都有一定的价值与意义。

在上一章，我们主要研究了初创公司创始人过去行业经历对风险投资决策的影响，在控制变量中，我们采用初创公司创始人的教育经历来代表创始人的能力。我们采用虚拟变量，即创始人是否在北美常青藤高校或清北复交浙这几所顶级大学有过受教育经历，发现名校教育经历被投资者认可，能够显著提升初创公司获得风险投资的概率，减小初创公司获得第一笔投资时的年龄，增大初创公司获得第一笔投资的金额。然而，在创业群体中，创始人的教育背景远远不止以上几所学校。这一章研究的重点是将教育经历细化，分为是否海归、是否 985 高校以及全部教育经历的个数，来深入、全面地探究教育背景在风险投资市场上所起的作用，同时也是对上一章结论的稳健性检验。

本章的实证结果发现：在初创公司的早期融资阶段，公司创始人的海归留学经历（包括单个创始人的海归经历个数以及拥有海归经历的创始人个数）越多，初创公司获得风险投资支持的概率就会越高，获得第一笔投资时的年龄越小，获得第一笔投资的金额越高，参与公司第一笔融资的投资机构越多；公司创始人拥有的学历个数越多，初创公司获得风险投资支持的概率就会越高，获得第一笔投资时的年龄越小，获得第一笔投资的金额越高，参与公司第一笔融资的投资机构越多；去除拥有海归经历的初创公司创始人样本后，公司创始人拥有中国 985 高校的教育经历个数越多，初创公司获得风险投资支持的概率就会越高，参与公司第一笔融资的投资机构也越多，而拥有 985 高校教育经历对公司获得第一笔投资的时间与金额并无显著影响。总体来说，创始人的海归经历与学历总数对风险投资的影响要高于985高校的学习经历。

本章剩余结构安排如下：第二部分是本章涉及的变量定义与实证方法设计；第三部分是对本章重要变量的描述性统计；第四部分是实证研究结果；第五部分是稳健性检验；第六部分是本章总结。

第二节　研究设计

作为上一章的进一步研究，本章利用IT桔子提供的创业者教育经历信息，研究在初创公司创始人行业背景相同的情况下，投资人对创始人教育经历的偏好。本章采用的数据样本为2010年至2016年成立的初创公司。在研究创始人教育经历与初创公司能否获得首次投资的关系时，研究对象为全部样本区间的初创公司；在研究创始人教育经历与初创公司首次获得投资的年龄、金额以及投资机构数量时，研究对象仅包含全部已经获得投资的初创公司。

6.2.1 相关变量定义

本章大部分被解释变量与控制变量已在上一章介绍过，新纳入的被解释变量与控制变量定义如下：

海归经历（*Abroad*）：初创公司全部创始人团队的教育经历中，海外留学经历的数量总和。该变量取值越高，说明初创公司创始人团队的海外教育经历越丰富。

学历总数（*Sum education*）：初创公司全部创始人团队的教育经历

之和。该变量取值越高，创始人团队的教育经历越丰富。这里仅包含 IT 桔子网站上公布的创始人教育背景信息，该信息均为大学及以上学历，考虑到 IT 桔子的信息来源为网上公开报道与创始人自愿披露，我们认定“没有教育经历信息的创业者为没有大学及以上学历”的假设是合理的。此外，由于学历总数与学位往往呈正相关关系，因此，学历总数越多，也可以认为学位越高（但是二者不是绝对的关系，从严谨的角度出发，本书后面仍用学历总数来表示，而不是学位的高低）。

985 高校经历（*Edu985*）：去除有海外留学经历的初创公司样本后，公司全部创始人团队的教育经历中，985 高校学习经历的个数。该变量取值越高，说明创始人团队的教育水平越高。

投资机构数量（*Investor number*）：在初创公司的某轮投资中，所有参与的投资机构个数。该变量取值越高，表明初创公司对风险投资机构而言越有吸引力。

6.2.2 实证模型设计

本章的主要实证研究内容分为三个部分，首先研究初创公司创始人的海外留学经历对公司是否能获得风险投资的支持、公司获得第一笔投资的年龄与金额、公司获得第一笔投资时风险投资机构参与数量的影响；之后研究初创公司创始人的大学学习经历总数对公司是否能获得风险投资的支持、公司获得第一笔投资的年龄与金额、公司获得第一笔投资时风险投资机构参与数量的影响；最后研究初创公司创始人教育经历中 985 高校经历的数量对公司是否能获得风险投资的支持、公司获得第一笔投资的年龄与金额、公司获得第一笔投资时风险投资机构参与数量的影响。

作为上一章的深入细化研究，本章的基本实证模型与上一部分基本一致，在教育经历相关变量中，本章将教育经历中原来的虚拟变量 *Education experience* 进行详细分析。原来的变量设计为初创公司创始人团队中，对所有人而言，至少有一人次拥有北美常青藤高校或清北复交浙这几所大学的学习经历，则该变量取值为 1。由于多种因素的不可观测性，以及上述大学在国内被公认为顶尖高水平大学，是否拥有这些大学的学习经历在一定程度上可以作为反映创始人“能力水平”的指标，但是不能详细区分不同的教育背景产生的影响。为了从其他维度探讨初创公司创始人教育背景与风险投资的关系，本书将教育经历指标划分为海外留学经历数、总学历数、国内 985 高校学历数。相应的模型如下：

研究创始人海归经历与风险投资关系时，模型为

$$Pr\left(Receiveinvest=1\mid X\right)$$

$$=\alpha+\beta_1 Startupexperience+\beta_2 Workexperience+\beta_3 Abroad+\gamma Controls+\delta Effects+\epsilon \tag{式6-1}$$

$$y=\alpha+\beta_1 Startupexperience+\beta_2 Workexperience+\beta_3 Abroad+\gamma Controls+\delta Effects+\epsilon \tag{式6-2}$$

研究创始人学历总数与风险投资关系时，模型为

$$Pr\left(Receiveinvest=1\mid X\right)$$

$$=\alpha+\beta_1 Startupexperience+\beta_2 Workexperience+\beta_3 Sumxuewei+\gamma Controls+\delta Effects+\epsilon \tag{式6-3}$$

$$y=\alpha+\beta_1 Startupexperience+\beta_2 Workexperience+\beta_3 Sumxuewei+\gamma Controls+\delta Effects+\epsilon \tag{式6-4}$$

研究创始人 985 高校学习经历与风险投资关系时，模型为

$$Pr\left(Receiveinvest=1\mid X\right)$$

$$=\alpha+\beta_1 Startupexperience+\beta_2 Workexperience+\beta_3 Edu985+\gamma Controls+\delta Effects+\epsilon \tag{式6-5}$$

$$y = \alpha + \beta_1 Startupexperience + \beta_2 Workexperience + \beta_3 Edu985 + \gamma Controls + \delta Effects + \epsilon \quad （式6-6）$$

其中，创始人创业经历（*Startup experience*）、工作经历（*Work experience*）、控制变量（*Controls*）以及固定效应（*Effects*）与5.2.2的介绍一致。在式6–1、式6–3、式6–5中，被解释变量*Receive invest*表示初创公司是否获得风险投资，在式6–2、式6–4、式6–6中，被解释变量y包括首次获得投资的年龄（*Log age month*）、首次获得投资的金额（*Log money1*）以及投资机构总数（*Investor number*）。

6.2.3 研究假说

关于创始人海外留学经历对风险投资决策的影响，一方面，由于近几年互联网、大数据、人工智能、生物医药等高科技行业创业热度高涨，而这些行业对应的学科发展相对而言海外高校比国内高校更贴近前沿、技术更成熟；另一方面，受海外文化的影响，有过留学经历的群体更具冒险精神、更倾向于探索新事物、独立性更强，而这些要素往往是成功的创始人必不可少的特点。因此，对风险投资机构而言，在同等条件下，往往更倾向于投资拥有海外留学经历的创始人。

然而，海外留学群体由于长期停留在外，相比之下，对中国的法律法规、监管制度、中国当下大众的需求与关注热点等不够熟知，不能对中国未来行业发展做出深刻而合理的预期。因此不能找到最适合中国国情与发展的商业模式。此外，留学群体的人脉需要在回国之后慢慢建立，而人力资源对于处于早期阶段的初创公司是不可忽视的重要因素。因此，从这些角度来看，拥有留学经历的创始人在公司早期融资阶段可能存在一定程度上的劣势。

基于上述分析，关于初创公司创始人留学经历与风险投资决策的关系，我们建立如下假说：

6–1a：在控制其他变量后，初创公司创始人拥有的海外留学经历越多，公司能够获得风险投资机构投资的可能性更高，首次获得投资时间更早，第一笔获投金额更高，并且参与首次投资的风险投资机构数量更多。

6–1b：在控制其他变量后，初创公司创始人拥有的海外留学经历越多，公司能够获得风险投资机构投资的可能性更低，首次获得投资时间更晚，第一笔获投金额更低，并且参与首次投资的风险投资机构数量更少。

如果研究假说 6–1a 成立，我们将观察到式 6–1 回归模型中 β_3 系数估计显著为正，在式 6–2 中，当被解释变量 y 分别为首次获得投资的年龄（*Log age month*）、首次获得投资的金额（*Log money1*）、投资机构总数（*Investor number*）时，系数 β_3 的估计分别显著为负、显著为正、显著为正。说明在创投市场上，风险投资家偏好于投资有海外留学经历的创始人。

如果研究假说 6–1b 成立，我们将观察到式 6–1 回归模型中 β_3 系数估计显著为负，在式 6–2 中，当被解释变量 y 分别为首次获得投资的年龄（*Log age month*）、首次获得投资的金额（*Log money1*）、投资机构总数（*Investor number*）时，系数 β_3 的估计分别显著为正、显著为负、显著为负。说明在创投市场上，风险投资家会避免于投资有海外留学经历的创始人。

学历总数之所以会影响风险投资决策，主要有两方面原因，一方面，学历总数代表着创始人的知识水平，学历总数越高，创始人的学位层次越高，如果创始人是公司的主要技术供给者，将意味着公司的研发能力更强；另一方面，学历总数多的另一种情况可能是创始人拥有多个工商管理硕士（MBA）、高级工商管理硕士（EMBA）以及类似的学历，在创业早期，创始人作为公司的最重要高管，丰富的管理类学历能够使其拥有更先进的管理水平和更丰富的人脉资源。研发能力与管理水平是决定创业公司能否成功的至关重要的因素。

相反地，学历总数越多，也意味着创始人的社会化程度越低，长期的高校学习经历使得创始人缺乏社会实践经验、独立自主精神，“教条主义”更严重，而创业本身是对理论的实践应用和大胆变通与创新。因此早期风险投资家可能更偏向于投资较早步入社会、实践经验丰富的创始人，避免投资学历多的创始人。

基于上述分析，关于初创公司创始人学历总数与风险投资决策的关系，我们建立如下假说：

6–2a：在控制其他变量后，初创公司创始人拥有的学历总数越多，公司能够获得风险投资机构支持的可能性越高，首次获得投资时间越早，第一笔获投金额越高，并且参与首次投资的风险投资机构数量越多。

6–2b：在控制其他变量后，初创公司创始人拥有的学历总数越多，公司能够获得风险投资机构投资的可能性越低，首次获得投资时间越晚，第一笔获投金额越低，并且参与首次投资的风险投资机构数量越少。

如果研究假说 6–2a 成立，我们将观察到在式 6–3 回归模型中 β_3 系数估计显著为正，在式 6–4 中，当被解释变量 y 分别为首次获得投资的年龄（*Log age month*）、首次获得投资的金额（*Log money1*）、投资机构总数（*Investor number*）时，系数 β_3 的估计分别显著为负、显著为正、显著为正。说明在创投市场上，风险投资家偏好于投资学历总数多的创始人。

如果研究假说 6–2b 成立，我们将观察到式 6–3 回归模型中 β_3 系数估计显著为负，在式 6–4 中，当被解释变量 y 分别为首次获得投资的年龄（*Log age month*）、首次获得投资的金额（*Log money1*）以及投资机构总数（*Investor number*）时，系数 β_3 的估计分别显著为正、显著为负、显著为负。说明在创投市场上，风险投资家会避免于投资学历过多的创始人。

在中国，普遍被接受的观念是，能否被列入“985 工程”是一所高校教育水平的重要体现。因此，是否拥有 985 高校学习经历可以在一定程度上反映创始人的某些能力（智力水平、知识水平、学习能力等），基于上一章的实证结果（风险投资家往往偏好于拥有北美常青藤高校或清北复交浙顶尖水平大学学习经历的创始人），我们可以做出如下推测：

6–3a：去除创始人拥有海外留学经历的初创公司样本，在控制其他变量后，初创公司创始人拥有的 985 高校学历总数越多，公司能够获得风险投资机构投资的可能性更高，首次获得投资时间更早，第一笔获投金额更高，并且参与首次投资的风险投资机构数量更多。

如果研究假说 6–3a 成立，我们将观察到式 6–5 中，β_3 系数估计显著为正，在式 6–6 中，当被解释变量 y 分别为首次获得投资的年龄（*Log age month*）、首次获得投资的金额（*Log money1*）以及投资机构总数（*Investor number*）时，系数 β_3 的估计分别显著为负、显著为正、显著为正。说明在创投市场上，投资人偏好于投资拥有 985 高校学习经历的创始人。

第三节　变量描述性统计

由于本章的大部分变量已经在上一章做过描述性统计分析，在这一部分，我们将对本章新增的重要变量进行描述性统计。

从初创公司创始人教育经历相关变量的取值统计来看，在全部初创公司样本中，创始人留学经历数量、学历总数、985 高校学习经历总数的平均值分别为 0.07、0.41、0.18；在全部获投初创公司样本中，创始人留学经历数量、学历总数、985 高校学习经历总数的平均值分别提高至 0.10、0.56、0.25。这在一定程度上反映了创始人的留学经历、学历总数、985 高校学习经历与初创公司可以获得风险投资的正向相关关系。

表 6-1　变量描述性统计

分表 A：全部初创公司样本						
变量名	变量个数	25 分位数	中位数	平均值	75 分位数	标准差
留学经历	16632	0	0	0.07	0	0.31
学历总数	16632	0	0	0.41	1	0.85
985 高校	15622	0	0	0.18	0	0.48
分表 B：全部获投初创公司样本						
变量名	变量个数	25 分位数	中位数	平均值	75 分位数	标准差
留学经历	7452	0	0	0.10	0	0.37
学历总数	7452	0	0	0.56	1	0.99
985 高校	6814	0	0	0.25	0	0.56

表 6-2　样本结构

分表 A：全部初创公司样本									
变量名		0	1	2	3	4	5	6	以上
留学经历	频数	15622	876	98	28	7	0	1	0
	占比	93.93%	5.27%	0.59%	0.17%	0.04%	0.00%	0.01%	0.00%
学历总数	频数	12133	2980	1071	301	122	41	18	20
	占比	72.95%	17.92%	6.11%	1.81%	0.73%	0.25%	0.11%	0.13%
985 高校	频数	13310	1901	329	65	14	2	1	0
	占比	85.20%	12.17%	2.11%	0.42%	0.09%	0.01%	0.01%	0.00%
分表 B：全部获投初创公司样本									
变量名		0	1	2	3	4	5	6	以上
留学经历	频数	6814	547	65	20	5	0	1	0
	占比	91.44%	7.37%	0.87%	0.27%	0.07%	0.00%	0.01%	0.00%

续表

学历总数	频数	4848	1629	624	204	84	33	16	14
	占比	65.06%	21.86%	8.37%	2.74%	1.13%	0.44%	0.21%	0.18%
985高校	频数	5472	1078	204	48	10	1	1	0
	占比	80.31%	15.82%	2.99%	0.70%	0.15%	0.01%	0.01%	0.00%

从初创公司创始人教育经历样本结构来看，在全部初创公司样本中，创始人团队没有留学经历的初创公司 15622 家，占比 93.93%；创始人团队有一人次留学经历的初创公司 876 家，占比 5.27%。创始人团队没有学历记录的初创公司 12133 家，占比 72.95%；创始人团队有一人次大学经历的初创公司 2980 家，占比 17.92%。在去掉所有有留学经历的初创公司样本后，创始人团队没有 985 学历记录的初创公司 13310 家，占比 85.20%；创始人团队有一人次大学经历的初创公司 1901 家，占比 12.17%。

从初创公司创始人教育经历样本结构来看，在全部获投初创公司样本中，创始人团队没有留学经历的初创公司 6814 家，占比 91.44%；创始人团队有一人次留学经历的初创公司 547 家，占比 7.37%。创始人团队没有学历记录的初创公司 4848 家，占比 65.06%；创始人团队有一人次大学经历的初创公司 1629 家，占比 21.86%。再去掉所有有留学经历的初创公司样本后，创始人团队没有 985 学历记录的初创公司 5472 家，占比 80.31%；创始人团队有一人次大学经历的初创公司 1078 家，占比 15.82%。

第四节　实证研究结果

作为上一章内容的延续，本章细化了初创公司创始人教育经历的度量指标，从创始人海归经历、学历总数、985 高校学习经历三个层面，研究教育经历对初创公司能否获得第一笔风险投资、首次获得风险投资的年龄与金额以及参与投资的风险投资机构数量的影响。

6.4.1 创始人海归经历与风险投资决策

为了研究创始人海外学习经历对初创公司首次获得投资情况的影响，我们利用 IT 桔子数据库中记录的创始人教育经历来设计海归经历变量。我们采用人工识别的方法，创始人的教育经历中每出现一次海外大学，海归经历数增加 1，然后计算每个初创公司创始人团队中的全部海归经历人次之和。表 6-3 展示了式 6-1 的 Probit 回归结果。

表 6-3　创始人海归经历与初创公司是否获得风险投资

	(1) Receive invest	(2) Receive invest	(3) Receive invest
Startup experience	0.022	0.002	–0.012
	(0.024)	(0.023)	(0.023)
Work experience	0.507***	0.511***	0.496***
	(0.026)	(0.026)	(0.026)
Abroad	0.174***	0.167***	0.158***
	(0.040)	(0.039)	(0.039)

续表

	(1) Receive invest	(2) Receive invest	(3) Receive invest
Number founder	0.131***	0.128***	0.142***
	(0.018)	(0.017)	(0.017)
Need fund	0.326***	0.328***	0.362***
	(0.021)	(0.021)	(0.021)
Industry fixed effects	Yes	No	Yes
Province fixed effects	Yes	Yes	Yes
Year fixed effects	Yes	Yes	No
Constant	-1.208***	-1.222***	-1.083***
	(0.188)	(0.184)	(0.150)
N	16588	16590	16588
R^2	0.092	0.081	0.082

注：括号内为系数的标准误。*** 代表在 1% 水平下显著；** 代表在 5% 水平下显著；* 代表在 10% 水平下显著。

从表 6-3 的结果可以看出，当解释变量为是否获得投资（*Receive invest*）时，在控制了创始人其他经历以及省份、行业、成立年份的固定效应后，海归经历（*Abroad*）的系数在 1% 的水平下显著为正。具体而言以第一列为例，海归经历（*Abroad*）的系数为 0.174，说明创始人团队海归经历增加一人次，初创公司获得风险投资的可能性将提高 17.4%。假说 6-1a 成立。

表 6-4　创始人海归经历与初创公司首次投资年龄

	(1) Log age month	(2) Log age month	(3) Log age month
Startup experience	-0.017	-0.021	-0.097***
	(0.024)	(0.024)	(0.025)
Work experience	-0.153***	-0.158***	-0.210***
	(0.024)	(0.024)	(0.025)
Abroad	-0.029	-0.028	-0.063*

续表

	(1) Log age month	(2) Log age month	(3) Log age month
	(0.031)	(0.031)	(0.032)
Earlier stage	−0.754***	−0.754***	−0.800***
	(0.024)	(0.024)	(0.025)
Number founder	−0.019	−0.023*	−0.031**
	(0.014)	(0.014)	(0.014)
Need fund	−0.031	−0.030	0.083***
	(0.024)	(0.024)	(0.024)
Industry fixed effects	Yes	No	Yes
Province fixed effects	Yes	Yes	Yes
Year fixed effects	Yes	Yes	No
Constant	1.591***	1.655***	2.758***
	(0.262)	(0.260)	(0.237)
N	7387	7387	7387
R^2	0.218	0.210	0.155

注：括号内为系数的标准误。*** 代表在 1% 水平下显著；** 代表在 5% 水平下显著；* 代表在 10% 水平下显著。

从表 6–4 的结果可以看出，当解释变量为初创公司获得首次投资的年龄（*Log age month*）时，在控制了创始人其他经历以及省份、行业的固定效应后（第三列），海归经历（*Abroad*）的系数在 10% 的水平下显著为负。具体而言，海归经历（*Abroad*）的估计系数为 − 0.063，说明创始人团队海归经历增加一人次，初创公司获得首次投资的年龄将减小 6.3%，可见创始人的海归经历能够帮助初创公司更早地获得第一笔风险投资。假说 6–1a 成立。

表 6-5 创始人海归经历与初创公司首次投资金额

	(1) Log money1	(2) Log money1	(3) Log money1
Startup experience	0.041	0.033	−0.012
	(0.026)	(0.026)	(0.026)
Work experience	0.127***	0.135***	0.099***
	(0.025)	(0.026)	(0.025)
Abroad	0.046	0.050	0.015
	(0.031)	(0.031)	(0.031)
Log age month	0.070***	0.062***	0.095***
	(0.013)	(0.014)	(0.013)
Earlier stage	−1.965***	−2.001***	−1.958***
	(0.030)	(0.031)	(0.030)
Number founder	0.029*	0.034**	0.028*
	(0.015)	(0.015)	(0.015)
Need fund	−0.101***	−0.091***	−0.009
	(0.027)	(0.027)	(0.026)
Industry fixed effects	Yes	No	Yes
Province fixed effects	Yes	Yes	Yes
Year fixed effects	Yes	Yes	No
Constant	3.032***	3.146***	2.822***
	(0.240)	(0.245)	(0.164)
N	6462	6462	6462
R^2	0.539	0.528	0.524

注：括号内为系数的标准误。*** 代表在 1% 水平下显著；** 代表在 5% 水平下显著；* 代表在 10% 水平下显著。

从表 6-5 的结果可以看出，当解释变量为初创公司获得首次投资的金额（*Log money*1）时，在控制了创始人其他经历以及省份、行业、成立年份的固定效应后，海归经历（*Abroad*）的系数均为正。具体而言，以第一列为例，海归经历（*Abroad*）的估计系数为 0.046，说明创始人团队海归经历增加一人次，初创公司获得首次投资的金额将增加 4.6%，可见创始人的海归经历能够帮助初创公司获得更多的首轮金额。假说 6–1a 成立。

表 6–6 创始人海归经历与首次获投参与机构

	(1) Investor number	(2) Investor number	(3) Investor number
Startup experience	0.026	0.026	0.073***
	(0.024)	(0.024)	(0.024)
Work experience	0.070***	0.071***	0.100***
	(0.024)	(0.024)	(0.024)
Abroad	0.116***	0.117***	0.145***
	(0.039)	(0.039)	(0.040)
Log age month	0.014	0.013	–0.016
	(0.011)	(0.011)	(0.011)
Earlier stage	0.163***	0.161***	0.095***
	(0.033)	(0.033)	(0.033)
Number founder	0.036**	0.036**	0.039**
	(0.016)	(0.016)	(0.016)
Need fund	0.133***	0.134***	0.049**
	(0.022)	(0.022)	(0.022)
Log money	0.079***	0.080***	0.055***
	(0.013)	(0.013)	(0.013)
Industry fixed effects	Yes	No	Yes
Province fixed effects	Yes	Yes	Yes
Year fixed effects	Yes	Yes	No
Constant	0.622***	0.674***	1.030***
	(0.173)	(0.177)	(0.160)
N	6462	6462	6462
R^2	0.067	0.063	0.038

注：括号内为系数的标准误。*** 代表在 1% 水平下显著；** 代表在 5% 水平下显著；* 代表在 10% 水平下显著。

从表 6–6 的结果可以看出，当解释变量为初创公司获得首次投资时投资机构参与数量（*Investor number*）时，在控制了创始人其他经历以及省份、行业、成立年份的固定效应后，海归经历（*Abroad*）的系数在 1% 的水平下显著为正。具体而言，以第一列为例，海归经历（*Abroad*）的估计系数为 0.116，说明创始人团队海归经历增加一人次，初创公司获得首次投资时参与的机构数量增加 0.12 个。可见创始人的海归经历能够帮助初创公司吸引更多的风险投资机构。假说 6-1a 成立。

6.4.2 创始人学习经历总数与风险投资决策

为了研究创始人学历总数对初创公司首次获得投资情况的影响，我们利用 IT 桔子数据库中记录的创始人教育经历来设计学习经历总数变量。创始人的教育经历中每出现一所大学，学习经历数增加 1，然后计算每个初创公司创始人团队中的全部学习经历人次之和。表 6-7 展示了式 6-3 的 Probit 回归结果。

表 6-7　创始人学历总数与初创公司是否获得风险投资

	（1） Receive invest	（2） Receive invest	（3） Receive invest
Startup experience	0.001	–0.019	–0.032
	（0.024）	（0.024）	（0.024）
Work experience	0.470***	0.474***	0.463***
	（0.027）	（0.027）	（0.027）
Sum education	0.125***	0.122***	0.109***
	（0.016）	（0.016）	（0.016）
Number founder	0.097***	0.095***	0.114***
	（0.018）	（0.018）	（0.018）
Need fund	0.325***	0.328***	0.364***
	（0.021）	（0.021）	（0.021）
Industry fixed effects	Yes	No	Yes

续表

	(1) Receive invest	(2) Receive invest	(3) Receive invest
Province fixed effects	Yes	Yes	Yes
Year fixed effects	Yes	Yes	No
Constant	-1.172***	-1.191***	-1.061***
	(0.188)	(0.184)	(0.150)
N	16588	16590	16588
R^2	0.094	0.083	0.084

注：括号内为系数的标准误。*** 代表在 1% 水平下显著；** 代表在 5% 水平下显著；* 代表在 10% 水平下显著。

从表 6-7 的结果可以看出，当解释变量为是否获得投资（*Receive invest*）时，在控制了创始人其他经历以及省份、行业、成立年份的固定效应后，学历总数（*Sum education*）的系数在 1% 的水平下显著为正。具体而言，以第一列为例，学历总数（*Sum education*）的估计系数为 0.125，说明创始人团队学历总数增加一人次，初创公司获得风险投资的可能性将提高 12.5%。假说 6-2a 成立。

表 6-8 创始人学历总数与初创公司首次获投年龄

	(1) Log age month	(2) Log age month	(3) Log age month
Startup experience	-0.019	-0.022	-0.091***
	(0.024)	(0.024)	(0.025)
Work experience	-0.155***	-0.159***	-0.202***
	(0.024)	(0.024)	(0.025)
Sum education	0.000	-0.000	-0.034***
	(0.013)	(0.013)	(0.013)
Earlier stage	-0.754***	-0.754***	-0.801***
	(0.024)	(0.024)	(0.025)
Number founder	-0.022	-0.026*	-0.021
	(0.015)	(0.015)	(0.015)

续表

	(1) Log age month	(2) Log age month	(3) Log age month
Need fund	-0.032	-0.031	0.083***
	(0.024)	(0.024)	(0.024)
Industry fixed effects	Yes	No	Yes
Province fixed effects	Yes	Yes	Yes
Year fixed effects	Yes	Yes	No
Constant	1.595***	1.658***	2.757***
	(0.262)	(0.260)	(0.237)
N	7387	7387	7387
R^2	0.217	0.209	0.155

注：括号内为系数的标准误。*** 代表在 1% 水平下显著；** 代表在 5% 水平下显著；* 代表在 10% 水平下显著。

从表 6–8 的结果可以看出，当解释变量为初创公司获得首次投资的年龄（*Log age month*）时，在控制了创始人其他经历以及省份、行业的固定效应后（第三列），学历总数（*Sum education*）的系数在 1% 的水平下显著为负。具体而言，学历总数（*Sum education*）的估计系数为 – 0.034，说明创始人团队学历总数增加一人次，初创公司获得首次投资的年龄将减小 3.4%，可见创始人的学历能够帮助初创公司更早地获得第一笔风险投资。假说 6–2a 成立。

表 6–9　创始人学历总数与初创公司首次获投金额

	(1) Log money1	(2) Log money1	(3) Log money1
Startup experience	0.041	0.031	-0.008
	(0.026)	(0.026)	(0.026)
Work experience	0.126***	0.132***	0.103***
	(0.026)	(0.026)	(0.026)
Sum education	0.013	0.017	-0.010
	(0.013)	(0.014)	(0.014)

续表

	(1) Log money1	(2) Log money1	(3) Log money1
Log age month	0.069***	0.061***	0.095***
	(0.013)	(0.013)	(0.013)
Earlier stage	−1.964***	−2.000***	−1.959***
	(0.030)	(0.031)	(0.031)
Number founder	0.027*	0.031**	0.033**
	(0.016)	(0.016)	(0.016)
Need fund	−0.101***	−0.092***	−0.010
	(0.027)	(0.027)	(0.026)
Industry fixed effects	Yes	No	Yes
Province fixed effects	Yes	Yes	Yes
Year fixed effects	Yes	Yes	No
Constant	3.029***	3.144***	2.819***
	(0.239)	(0.243)	(0.166)
N	6462	6462	6462
R^2	0.539	0.528	0.524

注：括号内为系数的标准误。*** 代表在 1% 水平下显著；** 代表在 5% 水平下显著；* 代表在 10% 水平下显著。

从表 6–9 的结果可以看出，当解释变量为初创公司获得首次投资的金额（*Log money*1）时，在控制了创始人其他经历以及省份、行业、成立年份的固定效应后，学历总数（*Sum education*）的系数有时为正，有时为负，且均不显著，因此无法证明创始人学历总数与初创公司首次获投金额的关系。

表 6–10　创始人学历总数与首次获投参与机构

	(1) Investor number	(2) Investor number	(3) Investor number
Startup experience	0.021	0.021	0.063***
	(0.024)	(0.024)	(0.024)

续表

	(1) Investor number	(2) Investor number	(3) Investor number
Work experience	0.061**	0.062**	0.084***
	(0.024)	(0.024)	(0.024)
Sum education	0.048***	0.049***	0.071***
	(0.016)	(0.016)	(0.016)
Log age month	0.013	0.012	-0.016
	(0.011)	(0.011)	(0.011)
Earlier stage	0.165***	0.164***	0.100***
	(0.033)	(0.033)	(0.033)
Number founder	0.026*	0.025	0.021
	(0.016)	(0.016)	(0.016)
Need fund	0.132***	0.133***	0.050**
	(0.022)	(0.022)	(0.022)
Log money	0.080***	0.080***	0.056***
	(0.013)	(0.013)	(0.013)
Industry fixed effects	Yes	No	Yes
Province fixed effects	Yes	Yes	Yes
Year fixed effects	Yes	Yes	No
Constant	0.621***	0.671***	1.021***
	(0.173)	(0.177)	(0.160)
N	6462	6462	6462
R^2	0.067	0.063	0.039

注：括号内为系数的标准误。*** 代表在 1% 水平下显著；** 代表在 5% 水平下显著；* 代表在 10% 水平下显著。

从表 6-10 的结果可以看出，当解释变量为初创公司获得首次投资时投资机构参与数量（*Investor number*）时，在控制了创始人其他经历以及省份、行业、成立年份的固定效应后，学历总数（*Sum education*）的估计系数在 1% 的水平下显著为正。具体而言，以第一列为例，学历总数（*Sum education*）的估计系数为 0.048，说明创始人团队学历总数增加一人次，初创公司获得首次投资时参与的机构数量增加 0.05 个。可见创始人的学历总数能够帮助初创公司吸引更多的风险投资机构。假说 6–2a 成立。

6.4.3 创始人 985 高校学历与风险投资决策

为了研究创始人 985 高校学历对初创公司首次获得投资情况的影响，我们利用 IT 桔子数据库中记录的创始人教育经历来设计 985 高校学历总数变量。我们采用人工识别的方法，创始人的教育经历中每出现一所 985 高校，985 学历数增加 1，然后计算每个初创公司创始人团队中的全部 985 高校学历人次之和。由于海外大学中不存在 985 高校一说，我们将样本中创始人拥有海归经历的初创公司删除，表 6–11 展示了式 6–5 的 Probit 回归结果。

表 6–11　创始人 985 高校学历总数与初创公司是否获得投资

	（1） Receive invest	（2） Receive invest	（3） Receive invest
Startup experience	0.011	–0.008	–0.024
	（0.025）	（0.025）	（0.025）
Work experience	0.496***	0.503***	0.485***
	（0.028）	（0.028）	（0.028）
Edu985	0.150***	0.142***	0.133***
	（0.025）	（0.025）	（0.025）
Number founder	0.119***	0.115***	0.134***
	（0.019）	（0.019）	（0.019）
Need fund	0.325***	0.326***	0.367***
	（0.022）	（0.022）	（0.021）
Industry fixed effects	Yes	No	Yes
Province fixed effects	Yes	Yes	Yes

续表

	(1) Receive invest	(2) Receive invest	(3) Receive invest
Year fixed effects	Yes	Yes	No
Constant	-1.173^{***}	-1.194^{***}	-1.080^{***}
	(0.189)	(0.185)	(0.151)
N	15570	15572	15570
R^2	0.091	0.079	0.081

注：括号内为系数的标准误。*** 代表在 1% 水平下显著；** 代表在 5% 水平下显著；* 代表在 10% 水平下显著。

从表 6–11 的结果可以看出，当解释变量为是否获得投资（*Receive invest*）时，在控制了创始人其他经历以及省份、行业、成立年份的固定效应后，985 学历（*Edu985*）的系数在 1% 的水平下显著为正。具体而言，以第一列为例，985 学历（*Edu985*）的系数为 0.150，说明创始人团队 985 学历增加一人次，初创公司获得风险投资的可能性将提高 15%。假说 6–3a 成立。

表 6–12　创始人 985 高校学历总数与初创公司首次获投年龄

	(1) Log age month	(2) Log age month	(3) Log age month
Startup experience	−0.028	−0.029	-0.105^{***}
	(0.026)	(0.026)	(0.027)
Work experience	-0.151^{***}	-0.154^{***}	-0.203^{***}
	(0.026)	(0.026)	(0.027)
Edu985	0.024	0.022	−0.028
	(0.021)	(0.021)	(0.022)
Earlier stage	-0.745^{***}	-0.745^{***}	-0.793^{***}
	(0.026)	(0.026)	(0.027)
Number founder	-0.034^{**}	-0.038^{**}	-0.036^{**}
	(0.015)	(0.015)	(0.016)
Need fund	−0.033	−0.032	0.079^{***}

续表

	(1) Log age month	(2) Log age month	(3) Log age month
	(0.025)	(0.025)	(0.025)
Industry fixed effects	Yes	No	Yes
Province fixed effects	Yes	Yes	Yes
Year fixed effects	Yes	Yes	No
Constant	3.851***	3.908***	2.759***
	(0.257)	(0.252)	(0.237)
N	6755	6755	6755
R^2	0.216	0.208	0.153

注：括号内为系数的标准误。*** 代表在 1% 水平下显著；** 代表在 5% 水平下显著；* 代表在 10% 水平下显著。

从表 6-12 的结果可以看出，985 学历数（*Edu985*）的估计系数有时为正，有时为负，说明创始人拥有 985 高校学历对初创公司首次获投年龄没有明显影响。

表 6-13　创始人 985 高校学历总数与初创公司首次获投金额

	(1) Log money1	(2) Log money1	(3) Log money1
Startup experience	0.031	0.023	-0.019
	(0.027)	(0.027)	(0.028)
Work experience	0.103***	0.107***	0.079***
	(0.027)	(0.027)	(0.027)
Edu985	0.017	0.023	-0.007
	(0.023)	(0.023)	(0.023)
Log age month	0.069***	0.061***	0.094***
	(0.014)	(0.014)	(0.014)
Earlier stage	-1.954***	-1.990***	-1.949***
	(0.032)	(0.032)	(0.032)
Number founder	0.025	0.029*	0.028*
	(0.016)	(0.016)	(0.017)

续表

	(1) Log money1	(2) Log money1	(3) Log money1
Need fund	-0.091^{***}	-0.085^{***}	-0.005
	(0.028)	(0.028)	(0.027)
Industry fixed effects	Yes	No	Yes
Province fixed effects	Yes	Yes	Yes
Year fixed effects	Yes	Yes	No
Constant	3.006^{***}	3.106^{***}	2.819^{***}
	(0.199)	(0.201)	(0.165)
N	5898	5898	5898
R^2	0.536	0.525	0.521

注：括号内为系数的标准误。*** 代表在 1% 水平下显著；** 代表在 5% 水平下显著；* 代表在 10% 水平下显著。

表 6-14　创始人 985 学历数与首次获投参与机构

	(1) Investor number	(2) Investor number	(3) Investor number
Startup experience	0.023	0.024	0.065^{***}
	(0.025)	(0.024)	(0.025)
Work experience	0.064^{***}	0.065^{***}	0.088^{***}
	(0.024)	(0.025)	(0.025)
Edu985	0.032	0.035	0.059^{***}
	(0.022)	(0.022)	(0.022)
Log age month	0.013	0.013	-0.015
	(0.012)	(0.012)	(0.011)
Earlier stage	0.141^{***}	0.138^{***}	0.079^{**}
	(0.033)	(0.033)	(0.033)
Number founder	0.024	0.023	0.022
	(0.015)	(0.015)	(0.016)
Need fund	0.137^{***}	0.135^{***}	0.061^{***}
	(0.022)	(0.022)	(0.022)

续表

	(1) Investor number	(2) Investor number	(3) Investor number
Log money	0.068***	0.068***	0.045***
	(0.013)	(0.013)	(0.013)
Industry fixed effects	Yes	No	Yes
Province fixed effects	Yes	Yes	Yes
Year fixed effects	Yes	Yes	No
Constant	1.327***	1.362***	1.065***
	(0.211)	(0.215)	(0.156)
N	5898	5898	5898
R^2	0.060	0.056	0.032

注：括号内为系数的标准误。*** 代表在 1% 水平下显著；** 代表在 5% 水平下显著；* 代表在 10% 水平下显著。

同样地，从表 6–13 和表 6–14 的结果可以看出，985 学历数（*Edu985*）的估计系数有时为正，有时为负，说明创始人拥有 985 高校学历对初创公司首次获投金额以及首次获投参与机构数目没有明显影响。

第五节　稳健性检验

在上一节中，本书将创始人的教育经历细分，发现创始人的海归经历与学历总数会显著影响早期的风险投资决策。由于前文采用的样本包含创始人为一人和多人的情况，难免造成一些公司因为创始人多而影响学历相关变量，进而影响实证结果。因此，我们采用创始人仅为一人的初创公司子样本，对式 6–1 和式 6–3 进行估计，实证结果如下表所示。可以看出，创始人仅为一人时，海归经历、学历总数对初创公司获得风险投资的概率影响更大（海归经历的系数由 0.131 变为 0.305，学历总数的系数由 0.125 变为 0.177），进而证明了前文结果的稳健性。

表 6-15 创始人海归经历、学历总数与风险投资（创始人为一人）

	（1） Receive invest	（2） Receive invest
Startup experience	0.020	-0.006
	（0.028）	（0.028）
Work experience	0.507***	0.462***
	（0.032）	（0.033）
Abroad	0.305***	
	（0.061）	
Sum education		0.177***
		（0.023）
Need fund	0.376***	0.370***
	（0.024）	（0.024）
Industry fixed effects	Yes	Yes
Province fixed effects	Yes	Yes
Year fixed effects	Yes	Yes
Constant	-0.984***	-0.984***
	（0.201）	（0.201）
N	13194	13194
R2	0.087	0.089

注：括号内为系数的标准误。*** 代表在 1% 水平下显著；** 代表在 5% 水平下显著；* 代表在 10% 水平下显著。

第六节 本章总结

综合本章的实证结果，我们可以发现，在风险投资市场上，创始人的教育水平往往会影响风险投资家的决策，创始人拥有海外留学经历以及拥有越多的大学学历（一定程度上可以认为是更高的学历），都能够提升初创公司获得风险投资支持的概率，帮助初创公司更早地获得第一笔投资，第一笔投资金额更高，并且参与初创公司首次投资的机构更多。然而，创始人是否拥有更多的985高校学历虽然也能够提升初创公司获得风险投资支持的概率，但对首次获投年龄、首次获投金额以及参与投资的机构数目影响不大。

本章的研究从风险投资角度、创业角度证明了教育的重要性，为风险投资家做决策提供了理论依据，也为潜在的创业者指明了正确的努力方向，即充实自身的知识水平，能够提高获得风险投资的概率。

第七章　结论

第一节　研究内容及主要结论

风险投资机构对初创公司的投资，其本质是风险投资家对创始人的投资。目前相关方面的研究主要基于已经发生的投资事件，Bengtsson 和 H.Hsu（2015）研究了创始人与风险投资家种族相同对初创公司能否获得风险投资的影响；Gompers，Mukharlyamov 和 Xuan（2012）研究了风险投资家之间特征相似性对其以联合方式投资的影响；Cai，Tian 和 Sevilir（2012）研究了风险投资家过去创业经历对其投资业绩的影响。这些研究主要集中在对风险投资家特征的研究，缺乏从创业者特征角度的分析。Gompers，Huang 和 Wang（2017）利用 MBA 学生设计了实验，研究了创始人团队种族相似性对团队业绩的影响，但该设计中的风险投资家、创始人团队、初创公司业绩等应当与真实的创业与风险投资市场有所不同；Berstein，Korteweg 和 Laws（2017）设计实验研究了风险投资家最关注创业公司的哪些要素，包括团队特征、运营状况和现有投资者，但没有考察团队特征如何影响风险投资。在上述基础上，本书对创始人背景特征与风险投资决策这一话题进行了更深入的研究。

在创始人背景特征方面，参照现有文献，本书将创始人团队特征区分为先天属性与后天经历，第一类特征属性包括创始人的种族、性别、籍贯、年龄等特征，第二类特征经历包括创始人的教育经历、工作经历、创业经历。

在风险投资决策方面，本书主要从以下角度衡量：是否投资一家创业公司、首次投资时间、首次投资金额、投资总轮次、轮次间隔、每轮金额、投资机构数目等。

具体而言，本书主要研究了以下内容：首先，本书探讨了种族相同对风险投资分阶段注资的影响。其次，本书研究了创始人工作经历与创业经历对其目前创立的公司能否获得早期风险投资的影响及其内在的机制分析。最后，教育经历是后天获得特征中的重要因素，本书将教育经历细化为海归经历、学历总数、985高校经历，分别研究了学习经历对初创公司能否获得风险投资的影响。

本书的主要发现是：当创业者与风险投资来自同一种族时，风险投资家更信任创业者，会减少分阶段注资的轮次，采取一次性多投资的策略，以最大化创业公司的规模经济效益，减少投资成本，然而这种熟人关系建立起的信任会对创业公司最终是否成功产生负面的影响。其次，相比拥有创业经历，创始人过去的工作经历更被早期的风险投资家青睐，因为工作经历能够帮助创业者增加目前创业的行业经验，多元化的行业经历能够带来更多的思路，投资行业的经历能够增添投资人脉，帮助创业者融资。此外，创始人拥有海归经历和更多的学历总数（一定程度上可以认为是更高的学历），也会提升创业公司获得风险投资的可能性。

第二节　研究的主要创新点

本书主要的创新点如下：

第一，已有的研究在讨论风险投资与创业公司的匹配问题时，往往基于已经发生的投资事件，而本书的研究数据中包括全部已经获投以及未获投的创业公司，这是度量创业者是否融资成功的最直接有效的指标。

第二，已有的文献在涉及个人特征与风险投资的关系研究时，多数从投资人的角度出发，这主要受限制于创业者个人信息的数据难以获得。本书采用IT桔子的数据，获得了创始人的个人特征信息，从而在创始人角度研究了相关问题，弥补了学术上的空白。

第三，在中国“大众创业、万众创新”的热潮下，本书研究创始人的创业经历、工作经历、教育经历，为当下中国各行各业的潜在创业者提供了有价值的参考，从事后角度分析了“先工作还是先创业”的问题。相比连续多次创业，本书认为应当首先提升自身的工作经验与教育水平，从而提高未来创业公司获得风险投资支持的可能性。

第四，本书探讨了社交网络关系（种族关联）在公司金融主要是风险投资领域的影响，这是近几年许多学者关注的前沿新兴话题。

第三节 研究展望

本书的研究仍存在许多不足之处，未来将在该领域进行更深层次的研究。

第一，对创始人先天属性的研究主要针对种族（国籍），未来将收集中国创始人的籍贯、性别、年龄等更多的个人信息，深化个人特征与风险投资的关系研究。

第二，本书仅仅粗略地统计了创业者过去是否有创业经历，未来将对创业经历进行详细探讨，研究过去创业的成功与失败、过去创业所获得风险投资支持的情况等相关因素对风险投资的影响。

第三，本书的数据样本集中于近几年获得风险投资支持的创业公司，由于时间窗口期较短，无法看到这些创业公司在未来的发展信息以及最终能否成功，未来将在这方面继续收集数据，展开研究。

第四，针对有工作经历的创始人，未来我们将研究创始人过去工作的公司与目前创业的公司之间的关系，包括产业上下游关系、是否更可能获得过去工作的公司的 CVC（即企业风险投资）支持、是否更可能被过去工作的公司收购等。此外，创始人在过去工作中所担任的职位与风险投资之间的关系也是未来值得研究的问题。

参考文献

[1] Admati, A. R., & Pfleiderer, P. Robust financial contracting and the role of venture capitalists [J]. The Journal of Finance, 1994, 49 (2): 371-402.

[2] Amit, R., Brander, J., & Zott, C. Why do venture capital firms exist? Theory and Canadian evidence [J]. Journal of business Venturing, 1998, 13 (6): 441-466.

[3] Ashenfelter, O., & Krueger, A. Estimates of the Economic Return to Schooling from a New Sample of Twins [J]. The American Economic Review, 1994, 84 (5): 1157-1173.

[4] Balcarcel, A., Hertzel, M., & Lindsey, L. Contracting frictions and cross-border capital flows: evidence from venture capital, 2010. Unpublished Working Paper.

[5] Bascha, A., & Walz, U. Convertible securities and optimal exit decisions in venture capital finance [J]. Journal of Corporate Finance, 2001, 7 (3): 285-306.

[6] Bates, T., & Bradford, W. D. Factors affecting new firm success and their use in venture capital financing [J]. The Journal of Entrepreneurial Finance, 1992, 2 (1): 23.

[7] Bengtsson, O. Relational venture capital financing of serial founders [J]. Journal of Financial Intermediation, 2013, 22 (3): 308-334.

[8] Bengtsson, O., & Hsu, D. H. Ethnic matching in the US venture capital market [J]. Journal of Business Venturing, 2015, 30 (2): 338-354.

[9] Bergemann, D., Hege, U., & Peng, L. Venture capital and sequential investments, 2010. Unpublished Working Paper.

[10] Bernstein, S., Korteweg, A., & Laws, K. Attracting Early-Stage Investors: Evidence from a Randomized Field Experiment [J]. The Journal of Finance, 2017, 72 (2): 509-538.

[11] Bhidé, A. V. The origin and evolution of new businesses [M]. 2003, Oxford University Press.

[12] Bottazzi, L., Da Rin, M., & Hellmann, T. F. The importance of trust for

investment: Evidence from venture capital (No. w16923). National Bureau of Economic Research, 2011. Unpublished Working Paper.

[13] Bottazzi, L., Da Rin, M., & Hellmann, T. The importance of trust for investment: Evidence from venture capital [J]. The Review of Financial Studies, 2016, 29 (9): 2283–2318.

[14] Bottazzi, L., Da Rin, M., & Hellmann, T. Who are the active investors? : Evidence from venture capital [J]. Journal of Financial Economics, 2008, 89 (3): 488–512.

[15] Brander, J. A., & De Bettignies, J. E. Venture capital investment: the role of predator–prey dynamics with learning by doing [J]. Economic of Innovation and New Technology, 2009, 18 (1): 1–19.

[16] Brander, J. A., Amit, R., & Antweiler, W. Venture–capital syndication: Improved venture selection vs. the value–added hypothesis [J]. Journal of Economics & Management Strategy, 2002, 11 (3): 423–452.

[17] Butcher, K. F., & Case, A. The effect of sibling sex composition on women's education and earnings [J]. The Quarterly Journal of Economics, 1994, 109 (3): 531–563.

[18] Cai, Y., Sevilir, M., & Tian, X. Do Entrepreneurs Make Good VCs? 2012. Unpublished Working Paper.

[19] Card, D. Estimating the return to schooling: Progress on some persistent econometric problems [J]. Econometrica, 2001, 69 (5): 1127–1160.

[20] Casamatta, C., & Haritchabalet, C. Dealing with venture capitalists: shopping around or exclusive negotiation [J]. Review of Finance, 2013, 18 (5): 1743–1773.

[21] Cumming, D. Contracts and exits in venture capital finance [J]. The Review of Financial Studies, 2008, 21 (5): 1947–1982.

[22] Da Rin, M., Hellmann, T., & Puri, M. A survey of venture capital research. In Handbook of the Economics of Finance [M]. 2013: 573–648, Elsevier.

[23] Dahiya, S., & Ray, K. Staged investments in entrepreneurial financing [J]. Journal of Corporate Finance, 2012, 18 (5): 1193–1216.

[24] Eckhardt, J. T., Shane, S., & Delmar, F. Multistage selection and the financing of new ventures [J]. Management Science, 2006, 52 (2): 220–232.

[25] Fluck, Z., Garrison, K., & Myers, S. C. Venture capital contracting and syndication: an experiment in computational corporate finance (No. w11624). National Bureau of Economic Research, 2005. Unpublished Working Paper.

[26] Freeman, R. B., & Huang, W. Collaborating with people like me: Ethnic coauthorship within the United States [J]. Journal of Labor Economics, 2015, 33

(S1): S289–S318.

[27] Gompers, P. A. Optimal investment, monitoring, and the staging of venture capital [J]. The journal of finance, 1995, 50 (5): 1461–1489.

[28] Gompers, P. A., & Lerner, J. The money of invention: How venture capital creates new wealth [M]. 2001, Harvard Business Press.

[29] Gompers, P. A., & Lerner, J. The venture capital cycle [M]. 2004, MIT press.

[30] Gompers, P. A., Huang, K., & Wang, S. Q. Homophily in Entrepreneurial Team Formation (No. w23459). National Bureau of Economic Research, 2017. Unpublished Working Paper.

[31] Gompers, P. A., Mukharlyamov, V., & Xuan, Y. The cost of friendship [J]. Journal of Financial Economics, 2016, 119 (3): 626–644.

[32] Gompers, P., & Lerner, J. Money chasing deals? The impact of fund inflows on private equity valuation [J]. Journal of financial economics, 2000, 55 (2): 281–325.

[33] Gompers, P., & Xuan, Y. Bridge building in venture capital–backed acquisitions, 2009. Unpublished Working Paper.

[34] Gompers, P., Kovner, A., Lerner, J., & Scharfstein, D. Performance persistence in entrepreneurship [J]. Journal of Financial Economics, 2010, 96 (1): 18–32.

[35] Gompers, P., Lerner, J., & Scharfstein, D. Entrepreneurial spawning: Public corporations and the genesis of new ventures, 1986 to 1999 [J]. The journal of Finance, 2005, 60 (2): 577–614.

[36] Hall, B. H., & Lerner, J. The financing of R&D and innovation. In Handbook of the Economics of Innovation [M]. 2010: 609–639, North–Holland.

[37] Hall, J., & Hofer, C. W. Venture capitalists' decision criteria in new venture evaluation [J]. Journal of business venturing, 1993, 8 (1): 25–42.

[38] Harmon, C., & Walker, I. Estimates of the economic return to schooling for the United Kingdom [J]. The American Economic Review, 1995, 85 (5): 1278–1286.

[39] Hegde, D., & Tumlinson, J. Does social proximity enhance business partnerships? Theory and evidence from ethnicity's role in US venture capital [J]. Management Science, 2014, 60 (9): 2355–2380.

[40] Hellmann, T. IPOs, acquisitions, and the use of convertible securities in venture capital [J]. Journal of Financial Economics, 2006, 81 (3): 649–679.

[41] Hsu, D. H. Experienced entrepreneurial founders, organizational capital [J], and venture capital funding. Research Policy, 2007, 36 (5): 722–741.

[42] Inderst, R., & Müller, H. M. The effect of capital market characteristics on the value

of start-up firms [J]. Journal of Financial Economics, 2004, 72 (2): 319–356.

[43] Jiang, Crystal X., et al. Effects of cultural ethnicity, firm size, and firm age on senior executives' trust in their overseas business partners: Evidence from China [J]. Journal of International Business Studies, 2011, 42 (9): 1150–1173.

[44] Jiang, W. Have instrumental variables brought us closer to the truth [J]. The Review of Corporate Finance Studies, 2017, 6 (2): 127–140.

[45] Kerr, W. R., Nanda, R., & Rhodes–Kropf, M. Entrepreneurship as experimentation [J]. Journal of Economic Perspectives, 2014, 28 (3): 25–48.

[46] Klepper, S., & Sleeper, S. Entry by spinoffs [J]. Management science, 2005, 51 (8): 1291–1306.

[47] Lindsey, L. Blurring firm boundaries: The role of venture capital in strategic alliances [J]. The Journal of Finance, 2008, 63 (3): 1137–1168.

[48] Liu, B., & Tian, X. Do Venture Capital Investors Learn from Public Markets? 2017. Unpublished Working Paper.

[49] MacMillan, I. C., Siegel, R., & Narasimha, P. S. Criteria used by venture capitalists to evaluate new venture proposals [J]. Journal of Business venturing, 1985, 1 (1): 119–128.

[50] Manso, G. Experimentation and the Returns to Entrepreneurship [J]. The Review of Financial Studies, 2016, 29 (9): 2319–2340.

[51] Mao, Y., Tian, X., & Yu, X. Unleashing innovation, 2014. Unpublished Working Paper.

[52] Nahata, R. Venture capital reputation and investment performance [J]. Journal of Financial Economics, 2008, 90 (2): 127–151.

[53] Nanda, R., & Rhodes–Kropf, M. Financing risk and innovation [J]. Management Science, 2016, 63 (4): 901–918.

[54] Neher, D. V. Staged financing: an agency perspective [J]. The Review of Economic Studies, 1999, 66 (2): 255–274.

[55] Paik, Y. Serial entrepreneurs and venture performance: Evidence from US venture–capital–financed semiconductor firms, 2010. Unpublished Working Paper.

[56] Phalippou, L., & Gottschalg, O. The performance of private equity funds [J]. The Review of Financial Studies, 2008, 22 (4): 1747–1776.

[57] Plehn–Dujowich, J., Serfes, K., & Thiele, V. Entry and the efficiency of venture capital markets with endogenous matching, 2011. Unpublished Working Paper.

[58] Puri, M., & Zarutskie, R. On the life cycle dynamics of venture–capital–and non–venture–capital–financed firms [J]. The Journal of Finance, 2012, 67 (6): 2247–2293.

[59] Quindlen, R. Confessions of a venture capitalist: inside the high-stakes world of start-up financing [M]. 2000, Grand Central Publishing.

[60] Rajan, R. G. Presidential address: The corporation in finance [J]. The Journal of Finance, 2012, 67 (4): 1173-1217.

[61] Rajan, R. G., &Zingales, L. The firm as a dedicated hierarchy: A theory of the origins and growth of firms [J]. The Quarterly Journal of Economics, 2001, 116 (3): 805-851.

[62] Rubin, J. S. Ethnic Minority Entrepreneurs and Venture Capital. 2004. Unpublished Working Paper.

[63] Sahlman, W. A. The structure and governance of venture-capital organizations [J]. Journal of financial economics, 1990, 27 (2): 473-521.

[64] Saxenian, A. The new argonauts: Regional advantage in a global economy [M]. 2007. Harvard University Press.

[65] Saxenian, A. Silicon Valley' s new immigrant entrepreneurs, 2000. Unpublished Working Paper.

[66] Schumpeter, J., & Backhaus, U. The theory of economic development. In Joseph Alois Schumpeter [M]. 2003: 61-116. Springer, Boston, MA.

[67] Shane, S., & Stuart, T. Organizational endowments and the performance of university start-ups [J]. Management science, 2002, 48 (1): 154-170.

[68] Silviera, R., & Wright, R. The venture capital cycle, 2006. Unpublished Working Paper.

[69] Solow, R. M. Technical change and the aggregate production function [J]. The review of Economics and Statistics, 1957: 312-320.

[70] Sørenson, M. How smart is smart money? A two-sided matching model of Venture Capital [J]. The Journal of Finance, 2007, 62 (6): 2725-2762.

[71] Sunesson, D. Alma mater matters: the value of school ties in the venture capital industry, 2009. Unpublished Working Paper.

[72] Tian, X. The causes and consequences of venture capital stage financing [J]. Journal of Financial Economics, 2011, 101 (1): 132-159.

[73] Wernerfelt, B. A resource-based view of the firm [J]. Strategic management journal, 1984, 5 (2): 171-180.

[74] Zarutskie, R. The role of top management team human capital in venture capital markets: Evidence from first-time funds [J]. Journal of Business Venturing, 2010, 25 (1): 155-172.

[75] Zarutskie, R. The role of human capital in venture capital, 2008. Unpublished Working Paper.

[76] Zucker, L. G. Production of trust: Institutional sources of economic structure [J]. Research in organizational behavior, 1986: 1840 - 1920.
[77] 陆瑶，胡江燕. CEO 与董事间的“老乡”关系对我国上市公司风险水平的影响 [J]. 管理世界，2014 (3): 131-138.
[78] 陆瑶，胡江燕. CEO 与董事间“老乡”关系对公司违规行为的影响研究 [J]. 南开管理评论，2016 (02): 52-62.
[79] 黄福广，贾西猛，田莉. 风险投资机构高管团队知识背景与高科技投资偏好 [J]. 管理科学，2016 (05): 31-44.
[80] 周为. 公司高管教育背景与风险承受水平的研究 [D]. 武汉：武汉大学，2014.